重建绩效管理

如何打造高效能自驱型团队

[美]杰森·劳里森(Jason Lauritsen) 著
鞠婧 译

UNLOCKING HIGH PERFORMANCE

HOW TO USE PERFORMANCE MANAGEMENT TO ENGAGE AND EMPOWER EMPLOYEES TO REACH THEIR FULL POTENTIAL

清华大学出版社
北京

北京市版权局著作权合同登记号　图字：01-2021-3116

Unlocking High Performance: How to use performance management to engage and empower employees to reach their full potential by Jason Lauritsen

Original English language edition published 2018 by Kogan Page Limited. Simplified Chinese-language edition copyright © 2021 by Tsinghua University Press. All rights reserved.

本书封面贴有清华大学出版社防伪标签，无标签者不得销售。

版权所有，侵权必究。举报：010-62782989，beiqinquan@tup.tsinghua.edu.cn。

图书在版编目（CIP）数据

重建绩效管理：如何打造高效能自驱型团队 /（美）杰森·劳里森（Jason Lauritsen）著；鞠婧译. —北京：清华大学出版社，2021.5

书名原文：Unlocking High Performance: How to use performance management to engage and empower employees to reach their full potential

ISBN 978-7-302-57880-2

Ⅰ. ①重… Ⅱ. ①杰… ②鞠… Ⅲ. ①企业管理－人事管理 Ⅳ. ①F272.92

中国版本图书馆CIP数据核字(2021)第078109号

责任编辑：左玉冰
封面设计：水玉银文化
责任校对：王凤芝
责任印制：杨　艳

出版发行：清华大学出版社
网　　址：http://www.tup.com.cn，http://www.wqbook.com
地　　址：北京清华大学学研大厦A座　　邮　编：100084
社 总 机：010-62770175　　邮　购：010-62786544
投稿与读者服务：010-62776969，c-service@tup.tsinghua.edu.cn
质 量 反 馈：010-62772015，zhiliang@tup.tsinghua.edu.cn

印 装 者：三河市国英印务有限公司
经　　销：全国新华书店
开　　本：170mm×230mm　　印　张：16　　字　数：195千字
版　　次：2021年6月第1版　　印　次：2021年6月第1次印刷
定　　价：69.00元

产品编号：092302-01

Unlocking High Performance

序

　　我总是被狡黠、求知欲旺盛的人所吸引。他们不安于现状，做着调查研究和写书的工作。在读到杰森·劳里森的这本书时，我感到激动不已，喜不自胜。

　　必须承认的是，我不是很擅长为人力资源或领导力方面的新书作序。这并不是因为我不支持同行们的工作，而是因为我很少能够读到与我的研究相一致的著作，或是揭示工作中的疏漏并提出具体解决办法的书籍。而这本书全都做到了，因此有机会介绍这本书和它的作者是我的荣幸。

　　首先，我是杰森·劳里森的忠实粉丝。

　　多年前我们曾作为搭档，为一家公司的人力资源管理系统工作。我是咨询师，他是人力资源经理。作为人力资源界的一员，我当时有些离经叛道，满脑子都是些标新立异的东西；而杰森是一个聪慧好学、热情开朗的人，总是积极接受新鲜事物，尽力为企业争取最大利益。幸运的是，当时的首席执行官恰好也是个杰出的年轻人，崇尚精益求精、不断创新。恰好我们抓住了那次机会。

　　工作中总有那么一些时刻，会让你相信世界正在为那些超乎想象的重大成就创造天时、地利、人和的条件。没错，这就是后来的故事。我和杰森为了让这家企业充分释放员工潜能，花了大量时间在这方面进行提问、思考、探讨、设计、计划、改进和革新，最终创建出了非常先进的人才管理办法和体系。这项工作意义非凡，是一次爆炸式的创新，它为我们将来亲密无间的合作奠定了基础，让我们为打造一个更好的工作环境而努力。

读者们都知道我是个偏心的人，而杰森就是我特别偏爱的那一个。在我们合作的过程中，他展现了高度的责任感、灵活性和探索精神。他是一个求知欲旺盛的人，不断质疑现状、勇攀高峰，是事业伙伴的最佳人选。我邀请他参与了我的两个研究：如何消除参与实践中的权利意识，寻找衡量企业和个人责任等级的最佳工具。他是我最好的灵感来源，我非常喜欢和他畅谈。

后来，我和杰森成了最佳拍档，一起颠覆传统、追求真理，并在人力资源界传播我们的研究成果。如今我们已经是多年的同事和朋友了。我们都热衷于戳穿有关领导力的谣言，搅和人力资源界的死水，激发关于领导力和工作方式的热烈讨论。我最欣赏杰森的一点，就是他与那些只指出问题的人不同，他从不会在问题引起骚动后就袖手旁观；相反，他会提出建议，给出解决办法。

在那些过去的时光里，我们冲锋陷阵，是率先喊出"皇帝好像没穿衣服"的那拨人。好笑的是，在那时我们都很担心人力资源界不会有如梦初醒的那天。但是我们坚守住了自己的信念，后来许多志同道合的伙伴也开始相信传统的领导方式和理念已是明日黄花，不再奏效。既然我们已经意识到这个事实，也认清了这个事实，为何不承认它呢？万事万物不会永久存在，方法计划也不会一直有效。领导理念改头换面的一天已经来临，我们要用现代的理念武装自己。

这并不仅仅是一种感觉。根据我的研究,如今职场情绪化现象正在升级,员工参与度提升缓慢,我们需要为人力资源系统和领导力建设付出更多的汗水。我的结论是:旧时的领导组织方法不再行之有效,反而加剧了员工的情绪化,是时候对领导方法和人力资源系统做出改革了。

而这在我看来还挺容易的——践行某个理念,然后从各个方面测试它的有效性。问问自己:"它能帮助企业获得事业上的成功吗?""它能让客户满意吗?""它能吸引人才,调动工作积极性吗?""它对每个人都是行之有效的吗?""它是绿色环保,可持续发展的吗?"当答案是"不"或是"也许"的时候,我们就应该提出问题,组织讨论,寻求创新,不断改进并试图找到更好的理念,然后再践行这些理念。这是一个循环,是我们与世界合作共创的过程,也是领导者的重要职责所在。

这看起来简单,做起来却难。许多领导者和资深人力资源专家都知道老一套方法不管用了,但是很少有人愿意尝试新方法。有趣的是,当我问他们:为什么还故步自封呢?他们的回答是:我们不知道还有什么别的方法。

那么现在,别的方法就摆在眼前!至少现在你们能通过改变绩效管理体系来实现人尽其才了。

杰森的这本书意义非凡,它能帮助你明白现在的绩效管理方法为何不合时宜,甚至危及企业的存亡。他用他个人标志性的直接叙述方式告诉你,如何一步步找到全新的释放员工潜能的方法。这并不是一本批判当下管理体系的书;相反,它给你以希望,为你规划蓝图。

如果你喜欢我这些年的著作,你也会喜欢杰森的这本书。他的方法以事实为依据,可以让你的员工实现人生价值。这本书丰富了《无我工具箱》(No Ego Toolkit)系列,为你提供全面先进的绩效管理办法。杰森告诉你，在与他人协商讨论、明确工作预期、制定工作目标和成果衡量标准时，你该如何进行职责划分？他告诉你如何与员工保持紧密联系，在涉及绩效问题的讨论中如何与员工达成共识，而不是针锋相对？他提供的工作模型是以亲身经历后的自我反思为基础的，不仅有助于职责划分，对化解职场情绪化也大有裨益。

杰森的指导意见综合了行为健康学、行为经济学和动机理论的最新研究，囊括了如今市面上最好的人力资源和领导力建设的相关建议。他并不会让你颠覆一整个现有的管理体系，而是建议你做出一些举重若轻的改变。他甚至会教你如何用高科技来践行他的方法。我们一直想方设法打造一个员工不被情绪化所困、工作热情高涨的企业氛围，我相信在他的指导下，这个梦想很快就会实现了。

好好阅读这本工具书，记得给每个小组成员都买上一本——然后，别再纸上谈兵，行动起来，改变企业中陈旧的绩效管理模式吧。

希·维克曼（Cy Wakeman）[①]

[①] 希·维克曼简介：情绪化研究者，畅销书《积极心态成就卓越领导：基于现实的领导方法》（*Reality-Based Leadership*）和《无我》（*No Ego*）的作者，一流播客"无我"主持人，顶级领导力专家榜第19名，旧式领导体系的终结者。

前言

Unlocking High Performance

20年前,我从大学毕业,踏入职场。当时我并不想从事与所学专业相关的工作,但是我也不知道什么样的工作才适合我。

正当我四处打听接下去该怎么办时,有人建议我找一份销售的工作。虽然我不是很清楚销售具体要干什么,但是在我看来,只要勤奋工作,努力学习,日进斗金不是问题。因此我成了一名销售,卖美能达牌复印机。

这份工作简直糟透了,薪水低得可怜,更惨的是一周工作7天。但最令我生气的还是上级对待我的方式。公司的经理们都很有才华,但有时候,我觉得他们完全不在意自己的决定是否会对我的工作和生活带来多大的影响。更夸张的是,工资少发、漏发的情况也时有发生。因此,工作了7个月之后,我辞职了。

之后我又做了几份销售的工作,情况都跟第一份工作差不多。最后我发现我擅长为企业选拔合适的人员,并找了份相关的工作。讽刺的是,这份工作的内容是为客户招到优秀的销售人才。

在为客户服务时,我会问他们一些问题来了解岗位情况。比如上一个员工为什么离职了?这个岗位为什么空了6个月之久?你为什么认为留住这个岗位上的人才很难?

我很快意识到,员工离职的原因大多是工作条件差或是管理方式落后。有时候雇主们自己也不知道合适的人才是什么样的,因此招来的人也是明珠暗投。管理漏洞随处可见。

同时,在招聘时我也会问应聘者上一份工作的情况,以及想要跳槽的原因。他们的回答通常都相当一致:企业管理落后、工作条件差、工资发放不稳定等。

要想成为一名成功的猎头,我必须知道如何将合适的人放到合适的岗位上。这就像是个配对游戏,我需要将应聘者放到他们最能胜任的岗位上,如果他们运气好的话,也许还能干出一番大事业。正是在我做猎头的这个时期,我开始对人和工作之间的互动充满兴趣。我想搞清楚这两者之间的关系,以及所有影响他们的因素。

从那时起我开始思考:为什么工作总是让人心力交瘁?起初我认为这个现象只出现在销售行业,尤其是我从事的那几份销售工作。之后我的客户们将销售岗位变得更加面目可憎,而应聘者也说他们做着一份自己并不喜欢的工作。销售好像并不能成为人们心中理想的职业,除非你赚的钱够多,可以不在乎这些管理漏洞。

这个问题不仅仅存在于销售行业。许多我的家人、朋友也为了一份他们深恶痛绝或是感到毫无价值的工作而日日奔波。大多数人觉得自己的工作还算凑合,但并不热爱它。最好的情况也就是对工作麻木,而后安于现状。他们打卡签到,上班工作,下班回家,希望每天都是风平浪静,远离波折。这并不是说我没遇上过热爱自己工作的人,只是这种人很少。我将这部分人看作例外,我想他们应该是因为意外才能收获满意的工作体验。

尽管许多人在谈到工作时都愁云惨淡,但我并不认为工作应该是一件令人烦心的事。有些人从出生起就带着使命，我的使命就是解决这件烦心事。因此我决定从猎头变成企业人力资源部门的一员，努力让人们的工作变得振奋人心一些。

幸运的是，一家企业的人力资源部门录用了我，它的首席执行官认为工作应该成为员工追求各自梦想的工具。这家公司致力挖掘员工的潜力，并且注重改善工作条件，为员工能够得到一份有益的工作体验而努力。通过打造一个积极主动、活力四射的工作环境，员工可以不断提升自身素质，最终促进企业发展。在3年的时间里，我们在拥有800名员工的公司里，通过更好地调动员工工作积极性，将人均产值翻了一番。

通过这番经历，我认定了自己的职业道路。虽然由于领导有意或无意的决策，工作对大多数人来说仍是一件苦差事，但是我现在明确地知道它有另一番面貌。而这取决于你的决定，并不是不可改变的。

关于本书

我的职业追求是帮助企业领导者把工作安排得更人性化。工作不应该总是让人觉得面目可憎；相反，它能够并且应该丰富每个人的人生体验，引领每个人的事业成功。而只有在设计工作岗位时以员工的发展需求为重点，企业和员工的双赢才能够被落实。而我知道这是可以被实现的，因为我曾亲眼见证这一类事实，并亲身经历其发生的过程。如果你的脑袋里都是些过时的管理理念，本书对你来说也许会稍显矫情——尽是员工情绪管理、同事关系协调之类"降低生产效率"的东西。从这方面来说，这本书确实是有些矫情。但是别误会，它的目的是帮助你创造一个高效的组织。今后你会慢慢发现，人性化的工作体验对提高员工工作效率大有裨益。本书是为那些相信员工只有在积极健康的工作环境中才能实现效率巅峰的管理者而写的。你可以在书中受到启发，获得动力，让它成为你重整企业的工具。

本书共有5个章节。

第1章

第1章的内容着重于疏通条理，帮助读者理解本书。我将会分析旧的绩效管理和积极性调动之所以失败的原因。首先我将会回到最初的阶段，看看旧的管理方式是怎样产生和发展的。之后我将收集数据，调查员工的工作体验，根据客户的要求和体验设计来规划其发展道路。

读完本章，你也许会跃跃欲试，并开始熟练地运用绩效管理系统，为员工打造全新的工作体验。

第2、3、4章

这3章展现了绩效管理系统的蓝图——创造积极的工作体验，充分激发员工潜能。我在每一章的内容中都各自阐述了一个重要的绩效管理方式。在开始重塑管理系统的时候，你可以使用本书的工具与策略，参考过去经典的案例。你可将这3章视为一本管理的"烹饪书"，这其中包含了各种各样的"菜谱"。但是你不需要学会做所有菜点。我的目的是为你提供一系列想法和选择，而你可以根据需要，在制订企业或小组工作方案时挑选最适合的一种。

第5章

我希望这本书能带给你工作上的窍门和企业发展的启发。书中的所有策略工具都简单易行。最后一章侧重宏观层面，从中你将学会如何设计和利用一个可持续的系统来帮助你践行书中所提及的方案，了解企业运作的秘密。

但是，只设计而不有效利用绩效管理系统对企业来说只是徒劳无益。

因此我会根据我个人及采访对象的经验，为你提供一些转变企业管理方式、经营模式及可持续发展道路的办法。

最后一章是对全书的总结，可以帮助你更快地付诸行动。

现在，让我们快速进入正题吧！

Unlocking High Performance

目 录

第1章 工作的缺陷，员工埋单 /001

"最佳实践"的缺陷和传统绩效管理 /011
工作是一种关系，而非一纸合同 /023
重新思考绩效管理制度 /038

第2章 绩效计划 /055

清楚表达期望和目标 /062
清楚定义对行为的期望 /073
在期望中加入"为什么"和"怎么样" /083

第3章 绩效培育 /093

动机 /099
认可和欣赏 /110
幸福感和包容性 /118
消除障碍 /128

第4章 绩效问责 /133

完善反馈机制 /142
反馈的新方式 /153
评价和等级评定 /168
反思的重要性 /175
直面绩效问题 /183

第5章 建立一个长期有效的绩效管理系统 /191

让全公司迎接改变,建立你自己的设计团队 /201
设计步骤及规避"最佳实践"陷阱 /209
开发和测试你的绩效管理系统 /219
运行新的绩效管理系统 /230

UNLOCKING HIGH PERFORMANCE

第 1 章
工作的缺陷，员工埋单

我的一个朋友最近跳槽了。他在上一家公司工作了20年，那份工作好像已经成了他人生的一部分。

而对于这次跳槽，他也酝酿已久。虽然他很喜欢那份工作，但他对那家公司积怨已久。每次见他，他都会告诉我上司如何苛待他的经历。

有时是他个人的事情。比如他第3、4、5次因为一个没他资深的空降兵而断了晋升之路，或是他一次又一次地被告知他不在涨工资人员之列，因为他的工资水平已经到顶了。

有时是整个公司的事情。比如公司无缘无故地缩减员工福利或是每年大范围地裁员。

而朋友将所有这些问题都归因于公司管理方式的混乱。尽管如此，他还是天天打卡上班。他好像开始对这些事情冷眼旁观，成了自身岗位的观察者而不是参与者。每当休息日增加，他便喜出望外。因此我就问他：为什么不跳槽呢？他便回答说他"应该"这么做，但是也只是说说而已。这就好像他被什么东西束缚住了，但连想挣脱的欲望都没有。

最后还是机会找上了他。他的前同事找到了一份新工作，新公司的人才方案与旧公司大不相同。这位同事发现了一个几乎是为我朋友定制的岗位。于是，我的这位朋友终于离开了他曾服务20年，却深深鄙视的公司。

我与这位朋友相识多年，他辞职前的那几天是我见过的他最开心的时光。一天下午，我们一起喝啤酒，他看起来神采飞扬，还幻想着该如何趾高气扬地递出辞呈，彻底告别过去工作时的低声下气。

当我向他打听新工作的状况，他回答说初到办公室的几天很不适应。不仅因为这是他20年来换的第一份工作，还有一些更深层的原因。最后，他突然意识到，这是因为那里的人个个笑容满面，就好像在那里工作是一件乐事。他太久没有接触这样的工作环境了，以至于意识不到它的存在。

现在我的朋友已经完全适应了他的新工作和新公司。他时常想，为什么他拖了这么久才辞职。

也许你觉得这个故事很耳熟。总有一些我们认识的人，也许是很多人，曾经或是正深陷相同的处境。也许这就是你的亲身经历。

很多人都做着一份自己不喜欢的工作，不断暗示自己不能辞职，因为我们非常需要那份薪水或者是公司福利。因此每天浑浑噩噩，麻木地忍受着一切，希望某天情况会稍有改善。

◆ 积极性危机 ◆

缺乏工作积极性就会导致以上情况的发生。根据2017年盖洛普（Gallup）全球职场现状报告，全球范围内工作积极性高涨（员工全身心投入并且对工作和职场充满热情）的全职员工只有15%。这意味着剩下85%的全职员工都曾有过像我朋友那样的工作体验——天天打卡上班，希望某天情况会稍有改善。

盖洛普公布的数据为我们描绘了一幅灰暗的职场画面。而其他的数据，如怡安翰威特公司（Aon Hewitt）公布的2017年全球员工积极性趋势报告显示，全球有60%以上的员工工作积极性高涨。这两个数字差距之大揭示了有效衡量员工体验的复杂性。而我认为真实的数值应该在这两者之间。

也就是说，全世界只有不到一半的员工能够每天全身心地投入工作。这足以引起我们的重视。更值得引起我们关注的是，尽管盖洛普和怡安翰威特公司公布的数值相去甚远，但是它们都表示：总的来说，员工工作积极性正在走下坡路。如果不采取行动，情况将进一步恶化。

更令人不安的是，在员工工作积极性下降的同时，我遇到的所有员工都表达了想要积极投入工作的意愿。当谈到工作时，无论这些人是什么年纪，有什么样的经历，在公司中担任什么职位，他们都想让工作变成一段积极的体验。

他们中的许多人都做出了自己的努力。一些人敢作敢为，积极追求自己的目标；一些人就工作中的问题主动向上级反馈；还有一些人回到学校继续学习，或者努力考取证书为自身创造更好的工作机会。他们都想要全身心地投入工作。

那么是哪里出了问题？

从我担任人事主管近10年的工作经验来看，现在仍有许多高管和经理认为调动员工积极性对工作没有任何益处。在他们看来，这些事都太矫情了，不适合职场。他们觉得人们能得到工作就该喜出望外了。

不知不觉中，这些掌控员工职业生涯的人都忘了做着一份不如意的工作，或是有个不称职（或是根本不合格）的上级是多么令人痛不欲生。

◆ 工作积极性的重要性 ◆

许多年前，我用一个简单的练习作为员工积极性管理研习会的开场。这项练习的目的在于让参与者回想自身的经历，意识到调动员工积极性的重要性。具体的操作步骤如下：

回想一下你曾经对工作满怀热情的那段时光。如果那是最近的事，这就再好不过了。也有可能那段时光发生在你毕业后的第一份工作期间。如果你在当前的公司干了多年，请回想一下曾使你热情高涨的某段工作时光或是某个工作项目。

回想一下关于那份工作的记忆。想想那时你的同事，你的工作和你对工作的感受。现在请回答以下3个问题：

- 你那时对工作的感受如何？
- 与其他工作相比，你那时的工作质量如何？
- 那时的工作如何影响了你的生活？对你的人际关系有何影响？

一旦你回想起了那段时光，记忆便会如潮水般涌来。现在让我们去往另一个极端，回想一下你事业的低谷——当你做着一份完全不喜欢的工作。这可以是你工作生涯的任何一段时光，希望这段时光已经离你远去。

同样地，仔细回想一下当时的同事和工作体验。现在请回答以下3个问题：

- 你那时对工作的感受如何？
- 与其他工作相比，你那时的工作质量如何？
- 那时的工作如何影响了你的生活？对你的人际关系有何影响？

对比一下你的两份答案，你发现两段经历中的差别了吗？在我的研习会上，我会让大家分组讨论，对比他们的答案，找出共同之处。之后我们再一起对比和讨论这些答案。

值得注意的是，所有参与者的答案都出奇的一致。当人们热爱自己的工作时，他们热血沸腾、精力充沛、欢欣鼓舞，即使是在繁重的工作或是艰巨的挑战面前也朝气蓬勃。

当人们憎恶自己的工作时，他们感到茫然若失、心灰意冷，对生活缺乏兴趣或是更糟。人们常在周日晚上听到"有苦往肚子里咽"这样的话，因为你知道第二天一早就得回到那个可怕的地方去了。你甚至可以在人们回忆那段经历时看到他们脸上痛苦的表情。而在这方面，许多人都承认当负面情绪来临的时候，他们的工作质量明显受到了影响。

因为热爱工作而产生的正面情绪则会让我们更加努力地工作，更加创新进取，对自己的工作产生一种强烈的主人翁意识。我们会更倾向于不求回报地加班，帮助他人。另外，当我们憎恶自己的工作时，我们则倾向于敷衍了事，只想着不被开除就好，对工作并不在乎。于是我们开始盯着时钟或是日历，算着还有多久才能下班。

这两者的巨大差距让我们意识到员工积极性和工作体验的重要性。当我们热爱自己的工作时，我们努力工作、精益求精。当我们憎恶自己的工作时，我们敷衍了事、浑浑噩噩，只求不被开除就好，同时盼望着工作情况能有所好转。而这个差距被称为"自发努力"，可以用来衡量员工积极性的投资回报率（ROI）。

让那些对此将信将疑的老板或是部门经理做这个练习，他们会很快切身体会到员工积极性的重要性。每个在职场打拼了几年的人都有过好的工作体验，也有过差的工作体验，他们都能感受到这两种体验给工作带来的影响。这对部门经理至关重要，因为他们决定了手下员工每日的工作体验。通过打造一份积极的工作体验，员工的潜能才能够被充分释放。

◆ 工作体验对生活的影响 ◆

工作体验对于员工的影响不只局限于工作表现方面。因此我才有了上面的第3个问题：了解工作对我们的生活有什么样的影响。虽然将工作和生活独立开来会将此研究变得容易一些，但我们不可能找到这根明确的分界线。工作上的事会影响我们的生活，生活反过来也会对工作有影响。

如果人们热爱自己的工作，他们在处理工作之外的人际关系时也会更加精力充沛、积极向上。因为他们对工作抱有热情，这种积极的情绪也会感染他们的亲戚朋友。另外，有些人认为对工作充满热情也会带来负面的影响，比如为了工作废寝忘食，沉迷其中不可自拔，但这种反馈是少之又少。所以在大多数情况下，如果你是一个好员工，你也会是一个好伴侣、好家长、好伙伴和好邻居。

工作不顺心所带来的后果可能相当严重。就像好的体验能够带来积极情绪一样，由负面的体验所产生的消极情绪也会跟着你回家，让你的生活蒙上一层阴影。人们常常在结束了一天的工作后回家向另一半抱怨不休。他们也意识到自己对伴侣和孩子的态度变得越来越不耐烦，甚至拒绝沟通。然而后果的严重性远不止此。

负面的工作体验不仅仅会影响人们在职场上的工作表现，还会殃及当事人的家庭和朋友。我个人惨痛的亲身经历就验证了这一点。我仍记得许多年前在我辞去一份让我痛不欲生的工作后回到家时的场景。现在的我作为一个局外人回想起这段时光，想到其实我当时在一家大公司做着不错的工作，薪水也相当丰厚。一切看起来都是那么完美。但是我却十分痛苦，并且这痛苦持续了好一阵子。

最终我再也无法忍受。几个月后我又找了一份工作，并正式开始交接工作。那天我一回到家，我的妻子就倒了两杯红酒，庆祝我新的开始。

那天晚上，当我们和孩子们一起围坐在餐桌前时，妻子的目光穿过餐桌落到我身上，然后说了一句令我毕生难忘的话。她说："又能看见你的笑容真是太好了。"直到现在，当我想起这句话时，还是不免感到心痛。

当工作每况愈下时，我以为我能够将工作和生活隔离开。作为一个致力于员工积极性和职场互动研究的专业人士，我自负地以为在工作有起色之前，我的工作体验不会影响我的家庭生活。我以为我能够保护我的家人不被职场中的负面情绪所影响。

但是我却大错特错。

最终我才发现，并不是我在保护我的家人，而是他们在保护我。妻子告诉我，在工作不如意时，我的性情产生了巨大的变化。我对孩子失去耐心，总是一副心力交瘁的样子，还暴饮暴食。总体而言，我成了一个枯燥乏味的人。

那时我的家人替我承担了这一切。我的妻子知道这只是暂时的，所以她默默忍受，并且全力支持我。而我甚至都没有意识到我的变化。我的故事只是一个小小的例子，告诉大家当员工无法投入工作或工作体验糟糕时所隐藏的危机会带来多大的影响，并且这种影响在我身上显而易见。

另外，我也了解积极的工作体验所带来的力量。我曾为一家叫作"量子工厂"（Quantum Workplace）的员工反馈软件公司工作过3年。它是北美"50个最佳职场"（50 Best Places to Work）项目背后的调研和技术支持力量。而在我为它工作的时间里，我有幸领导过"最佳职场"团队。

这份工作让我有机会参加美国各个城市举办的"最佳职场"颁奖典

礼。获奖公司常会邀请公司员工在典礼上共享这份荣耀。有时员工的视频也会在获奖者致辞时播放。

"最佳职场"的获奖者包括了一些与众不同的公司。你可以感受到员工对工作的热情与活力，同事间的和谐与友好。他们最常说的话就是"我喜欢在这工作""公司就像一个大家庭一样"。而这种情绪是会传染的。

当工作体验良好时，员工的生活就被注入了积极情绪。当工作体验不佳时，员工的家人、朋友和邻居都要承受这些负面情绪。换句话说，我们为员工创造的工作体验关系重大。

那么，为什么还有那么多企业一错再错呢？为什么还有超过半数的员工无法全身心地投入工作呢？

在我职业生涯的大部分时间里，我都在思考这个问题——为什么一个由员工造就的企业会让员工如此身心俱疲？我对此感到十分费解。而这个问题的关键在于许多企业管理者对员工工作的认知和事实上员工真实的工作体验之间存在巨大的差异。

第 1 章
工作的缺陷，员工埋单

"最佳实践"的缺陷和传统绩效管理

"无法铭记历史的人注定会重蹈覆辙。"

——乔治·桑塔耶拿[①]

多年前我曾听到一个故事，讲的是一位年轻的女士要为一家人准备节日晚餐。年轻的女士和她的丈夫刚结婚，所以她是第一次做这件事。

当他们一同在厨房忙碌时，丈夫注意到妻子把火腿的两端切掉之后才将其放进烤盘里。他觉得很奇怪，于是问道："为什么你烤火腿之前要先切掉它的两端？"

妻子回答："其实我也不是很清楚。只是我妈妈也是这么做的。"

出于好奇，他们决定打电话给妻子的妈妈。然而妈妈的回答与妻子的惊人的一致："我的妈妈一直是这么做的，所以我也这么做了。"

现在这对夫妻更是纳闷了，于是他们给祖母打了电话，看看能不能解开这个谜题。

当他们解释说打电话是想知道祖母为什么要切掉火腿两端时，祖母笑了起来。他们问祖母为什么发笑。

"亲爱的，我切掉火腿的两端是因为我的盘子太小了。"

我一直牢记着这个故事，因为它提醒我在一个企业中坏习惯是多么容易成为一种标准做法。当公司高层或有一定职权的人以特定的方式做

[①] 乔治·桑塔耶拿（George Santayana，1863—1952），美国哲学家、诗人，批判实在主义和自然主义主要代表。——译者注

了某事或是有某种强烈的信念时，我们很容易就认为他们的所作所为一定是正确的。故事中妻子的妈妈这些年来一直切掉火腿的两端，这种做法既浪费又多余，她自己却不知道为什么要这么做。

这个故事也解释了标准化做法的危险性。对祖母来说，切掉火腿的两端是因为她的烤盘太小，装不下火腿，她这么做是很明智的。但是对于母亲来说，她用着大烤盘，这种做法根本没有意义。但是她仍然坚持着这个"标准化做法"。许多年后，她的女儿也继承了这个浪费的做法。

幸好妻子打听了这么做的原因。当了解这个做法背后的意义之后，她很快地意识到在她所处的环境下这个做法是没有意义的。

本章想要探讨一些人们习以为常的企业管理和人力资源工作方式背后的原因。具体来说，我们将会探讨例如年终表彰之类的传统绩效管理方式的起源。当研究了这些管理方式产生的背景之后，我们会意识到或许我们已经"切掉了不少火腿的两端"。而这些管理方式早该改变了。

◆ 企业管理方式的历史回顾 ◆

今天被我们称为"企业管理"的专业或是职业，其起源可追溯到工业革命时期。工业革命源于19世纪中期的英国，一直延续到20世纪早期。在这期间大规模的工业化迅猛发展，经济发展方式由以农业和个体手工业为主，转变为以大规模生产为主。人们涌入城市成为工厂工人，大型城市中心开始形成。

或许工业革命最伟大的发明就是"工厂生产制"。这种生产制度利用动力机械和劳动分工，使得劳动更加细化，生产力得以提高。在这些工厂中的工人，即使是非熟练工也能以前所未有的高效率和低成本组装产品。

虽然工厂能够实现高效生产，创造大量的工作岗位，然而它并非只有好的一面。工人中有许多人曾是独立的手工业者，在过去拥有自己的工作室，可以自主安排工作时间，但是在工厂中却必须按规定长时间工作。并且因为工厂中的许多工作对工人没有技术上的要求，男人、女人和孩子都能胜任工厂中的工作，这导致劳动力供过于求，工人工资水平低下。于是，对于工厂的记载便成了"暗无天日、杂乱拥挤的危险之地，工人们长时间工作，薪水却少得可怜"。

落后的工作条件和工厂主对工人的压榨催生了工会运动，参与工会活动的工人数量也迅速壮大。1850年到1874年，英国参与工会的人数从10万人发展到近100万人，在不到25年的时间里增长了约900%。据报道称，在1877年到1917年的40年间，美国每年举行1 500次罢工，共有30万名工人参与其中。罢工引起不小的争议，也成了暴力的摇篮。面对剧烈的动荡不安，政府和民间团体感到有必要采取行动，组织工厂主和工人之间的协商谈判，改善工人们的工作条件。在企业管理和人力资源管理的发展中，这成了关键的一步，为当今就业中流行的"合同"制奠定了基础。

这些工厂的出现还催生了对人员进行管理的需求。在此之前，大部分人是独立的手工业者或者农民。即使是诸如纺织品制造之类的产业也可以通过"外包系统"，让个体生产者单独生产产品，并不是像如今的承包商一样运作。如今我们所熟知的管理系统在那时并不流行，直到工厂出现，大批的员工聚集，工厂才需要对他们进行监督，这才产生了管理系统。

管理大师加里·哈默尔（Gary Hamel）称管理系统是20世纪最重要的发明。他认为管理就是用一整套方法做到人尽其才，物尽其用，提高生产效率。哈默尔介绍了在1890—1915年这个时期内，现代的大多数管理方式是如何产生的，包括绩效工资制、任务设计及分部管理体制。他声称现代管理方法产生于1920年之前，而如今的许多企业仍沿用这些管理方式。换句话说，我们还在用着一个世纪前人们的思想来解决当今的难题。

虽然当今企业面对的管理问题与20世纪早期相比大大不同，但我们仍然不管不顾，执着于"切掉火腿的两端"。想想在管理这些新兴工厂时管理人员所面临的挑战——大多数的工厂要求工人长时间地、日复一日地重复手头上的工作，而人的本性又是对新鲜事物充满好奇和渴望的。这其中的冲突显而易见。那时的工作可以说是无人性的。哈默尔称，在管理系统发明的初期，最大的问题就是："我们该如何将人类变成半程序化的机器人呢？"

这听起来有些刺耳，但是我们必须承认这句话准确地描述了当时的情况。在了解当时的管理学专家和工厂主所面临的主要问题之后，我们就能明白为什么他们要设计这样的管理方法，为什么在如今的情境下当时的管理方法只能被淘汰。

或许你已经从历史课或者管理课上知道了一些管理学专家的名字。在他们当中，最著名的专家当属弗雷德里克·泰勒（Frederick Taylor），他被人们称为"科学管理之父"。他认为管理者需要制定科学的绩效衡量方式并且对员工制定高标准和严厉的要求。从表面上看，他的方法合情合理。高标准、严要求和科学的绩效衡量方式都无可挑剔。但是当你再深入一步，了解事实背景之后，你就会忍不住产生一些疑问。

泰勒的方法［通常称为"泰勒主义"（Taylorism）］是为了解决工厂中"磨洋工"的现象。"磨洋工"是指工厂中大批工人会尽量拖延时间，只产出最低限度的成果。也就是说，这些员工利用了工厂制度偷懒耍滑。为此，泰勒提出了科学管理的4点原则，用于解决"磨洋工"的问题，同时提高工人的生产效率：

1. 利用科学决策制定最佳工作方法；
2. 为特定任务挑选专门员工，并提供对员工的培训；
3. 为员工提供清楚详细的工作指导，并监督他们的工作表现；
4. 明确划分管理人员和普通工人。管理人员"科学地"制定工作任务，普通工人则负责执行任务。

这4条原则对工作专业化的提升是必需的，这是工厂经营的核心，并成了今天的"微观管理"（micro-management）——管理人员对日常工作的细节高度负责。泰勒试图将所有的"脑力劳动"从工厂车间消除，将工人的注意力集中在机器上。在那个新兴管理方法层出不穷的年代，泰勒的管理方法可谓是意义非凡的，也为之后管理领域的创新奠定了基础。

当时另一位杰出的管理学专家要属德国的社会学家和政治经济学家马克斯·韦伯（Max Weber）。他的官僚制理论（bureaucratic theory）对管理学界影响深远。他认为官僚制是管理"现代"组织的最佳手段，制定和遵守规章制度，法律条例及其他行政管理机构的指令才是让组织达到最大效益的根本途径。他对官僚制的必备因素做了如下描述：

1. 人员部门分工明确，各官僚系统权责明确；
2. 规章制度清晰有力，上下级关系明确，员工严格遵守制度；
3. 员工能够胜任日常工作任务。

不难发现，这个制度可以让企业迅速发展壮大。当你要求员工每天长时间做着违背自身天性的工作时，一个强大的管理系统和明确的等级制度就显得格外重要了。而令人匪夷所思的是，在今天，仍有许多企业采用这种官僚式的管理方法。但是这个世界已是今非昔比。

让我们总结一下从现代管理方式的诞生中可以学到什么。管理制度的出现是为了让人类变成半程序化的机器人，以提高工厂生产效率。

解决方法包括：

- 尽可能地杜绝员工的"脑力劳动"；
- 对员工的一切工作进行评估，杜绝员工利用任何系统漏洞偷懒；
- 对工人进行微观管理，确保生产效率最大化；
- 对员工进行划分，细化工作任务，简化工作内容；
- 利用官僚制和等级制，有效组织工作。

学习这段历史可以让我们更好地了解废除过时的管理方式，找到更好、更新、更适合当下的管理方式的重要性。我希望当你意识到过时的管理方式还在以各种各样的形式存在于企业中时，你会感到坐立不安。

然而这节历史课并没有到此结束。我还要再聊一聊人力资源方面的事。

◆ 人力资源部门的地位 ◆

在管理制度发展的早期，企业中的关键人物包括企业所有者、雇员、经理或管理者。今天，在一切涉及管理或是员工的工作体验的话题中，提及另一个角色是不可避免的，那就是人力资源部门。

如今我们所谈到在管理中的许多制度和体系都是人力资源部门"所有"。它们负责培训与开发管理人员，监管各部门经理的选拔和晋升。最重要的是，人力资源部门规定了公司管理部门的规章制度、办事流程及管理办法。许多企业中诸如员工绩效考核、策略手册制定、渐进式纪律管理和工作职责说明等工作，都是由人力资源部门负责的。

人力资源部门利用官僚制度将管理系统化。虽然许多人都认为这个方法是为了管理部门的利益，因为它将管理工作简化和条理化。我们必须承认它让管理变得更有弹性，能够使其应对各种变化。这就解释了现在许多过时低效的管理方式依旧存在的原因。因为人力资源部门将早期工厂的管理制度保存至今。对管理学来说，了解人力资源的起源可以帮助我们更好地了解我们现在所处的境地。

我们今天所熟知的人力资源的诞生同样与产生于19世纪后期、20世纪初期的工会息息相关。由于工会人员需要与工厂主协商改进员工的工作环境，提高员工的工资待遇，处理这些事务的职位就应运而生了。在英国，从事这些职业的人被称为"社会福利工作者"，因为他们致力于员工的福利事业。作为全球最大人力资源协会之一的社会福利工作者协会（WWA）成立于1913年，前身为英国特许人事发展协会（CIPD）。之后，这项工作被称为劳工关系处理，工作人员主要负责与雇员团体协商工作条件。

人力资源部门的发展与各项劳动法规的通过有很大关系，这些法规规定了雇主对雇员的权利与责任。人力资源部门需根据最新法律对员工待遇或人权保护相关的工作进行调整。

需要牢记的是，人力资源的根源来自两个根本目标：
1. 代表工厂主与员工就劳动合同进行协商；
2. 根据法律规范和降低风险的原则改变员工的工作方式。

换句话说，人力资源部门就是站在雇员的立场确保公平公正的"雇佣合同"的签署和执行，同时使法律风险最小化。随着人力资源学科的发展，人员的雇佣和培养及其他策略性功能也被囊括在其中。所以直到今天，我们还可以在所谓的标准人力资源工作方式中找到过去的影子。

想要重新设计工作体验，充分释放员工潜能，我们必须打破过去的枷锁，无论是在管理方面还是在人力资源方面。我们需要时常反思，了解"最佳实践"产生的背景和过程，以此确保我们不会在时过境迁之后仍墨守成规。

为了解释得更清楚一点，我们可以来看一个例子。其中所体现的管理方法直到最近还被人们认为是最佳的，并且在过去的几十年中被各大企业纷纷采用。

年终绩效考核

许多年前，我在一家大型地方银行做人事经理，在听了许多人对年终绩效评级考核制度的诸多抱怨之后，我和我的小组决定要做一些调查。在对这项制度做出改善之前，我们试图更进一步了解它存在的原因及为什么人们会对其怨声载道。

我们首先问了这样一个问题："为什么我们需要绩效考核制度？"对于我所在的这家银行来说，问题的答案有两个。首先，这项制度是为了提高和认可员工的工作表现。于是我们开始分析公司最终是否达到了这个目的。

当我们绘制了银行员工考核结果分布图（图1-1）之后，我们发现它呈现出一条标准化分布曲线，但是曲线相对较窄，数据大多集中在5分评分表中的4等级上。

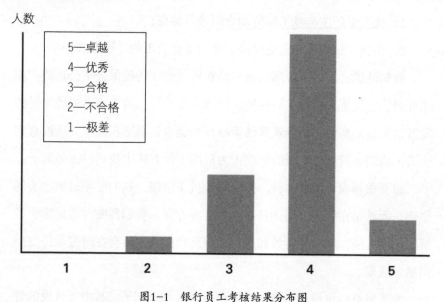

图1-1　银行员工考核结果分布图

只有少部分的数据分布在曲线的两端,第3等级(合格)以下的数据就非常少了。如果员工们的表现都是合格以上的话,这个结果就没有任何问题,但事实并非如此。

我们可以很清楚地看到,仅根据这个结果,我们并不能有效地将员工的工作表现区分开来。当所有人都是第4等级时,我们没有办法辨别出谁才是表现出色的那一个。这也是此项制度的缺陷之一。

年终绩效考核制度存在的第二个原因是要让员工和经理们在反馈绩效与制定工作标准时有据可依。为了调查这个功能是否有效,我们成立了一个工作小组,要求银行内的各部门经理询问员工们对这个制度的感受。经理们必须询问至少10名位于不同等级、不同岗位的员工。

而他们最终都得到了清晰、一致的反馈结果:员工们都憎恶这项制度,这项制度让他们焦躁不安。许多人都希望绩效考核制度能够更加清晰明确地反映他们的工作表现,而现在的制度完全没有用。经理们也不喜欢这项制度。他们觉得这对他们来说是个负担,对他们的组织监管工作没有帮助。

我们面对的这个糟糕的制度,既不能实现它的基本目标(提高和认可员工工作表现),又会让员工和经理们失去工作热情。与此同时,这项制度并不只存在于我们的银行,还存在于大多数企业当中,这种年终绩效考核制度随处可见(即使到今天也是如此)。

糟糕的考核体系是如何产生的?

管理中的这一"最佳实践"为什么会毫无成效?如果了解它的发展历史,再做些深入研究,你就会知道答案了。

今天的绩效管理内容起源于美国著名商人和慈善家安德鲁·卡内基(Andrew Carnegie)。在《随需人才》(*Talent on Demand*)一书中,毕业于沃顿商学院的作者皮特·卡佩尔(Peter Cappell)讲述了卡内基如何在20世纪早期建造起他的钢铁帝国。卡内基曾在铁路公司工作，之后将铁路公司的管理办法引进到自己的管理系统中。许多由他引进工厂的创新性管理办法都产生了巨大的影响，但"最重要的还是一个观念：每项工作都需要有一个衡量标准，每个工人都需要对自己的工作表现负责"。

卡内基创造了今天人们所谓的任人唯贤（meritocracy），并根据工作表现对员工进行评价。这是具有划时代意义的。但是我们还是不明白为什么这番好意逐渐演化成了低效、令人厌恶的年终绩效考核制度。

也许我们可以将此归咎于政府和军队，因为二者让这项制度变得令人厌恶，充满官僚主义的气味。在美国，法律规定政府机构必须实行标准化的评估体系，并将评估结果与奖金挂钩。之后，这项制度被应用于各个企业组织，意味着绩效管理成为企业必填的一张表格或是必须完成的一项年度工作。

在卡内基时期，员工的工作和管理受工会控制。因此，工厂等组织将工作视为与员工的合同，因为这份合同是在和工会协商后通过的。在这种情况下，对雇主和员工来说，工作只是一种交易：雇主提供工资和协商一致的工作条件；作为交换，员工按照协商一致的标准完成工作内容。就工作而言，雇主关注的是在付出工资后能够得到的劳动成果，以确保与合同规定的一致。

从中我们可以了解到像年终考核体系一类的管理方法是如何发展的。它的主要目的是签署正式文件，在法律的层面上监管员工的工作，给予他们奖金、升职的奖励，或是降职、解雇的处罚。这项制度建立在雇主和员工共同遵守合同的基础上，并有助于降低双方的风险。

于是，这项制度就演变成了一年举行一次对员工工作表现的正式考核，随后是向员工发放年终奖励。从管理的角度看，这一制度确保了企业对雇佣合同的遵守，年终绩效考核也就成了企业管理的标志。

年终考核不受雇员欢迎并不奇怪，毕竟这一设计的产生就是为企业组织的利益服务的。

在回顾了绩效考核的发展历程之后，我们就可以清楚地看到它的演变过程，理解为什么聪明理智的人们会创造出这样的制度——是时代造就了它。

同时我们也意识到，绩效考核这样的制度早就应该被改变，我们不能再盲目地重复过去的做法了。

在下一节中，我将探讨工作在20世纪发生的巨大改变，以及为什么员工渴望全身心投入工作，但是始终未能实现这个目标。同时，我们还会对过去几十年员工的情绪做调查，了解他们的工作体验。提前透露一句：工作体验其实和合同一点关系都没有。

要点总结

"最佳实践"是因时而异的。在了解管理方法产生的背景之后，你才可以负责任地说这个方法是否适合你。否则你可能只是在徒劳地"切着火腿的两端"。

人才管理这门学科出现在19世纪晚期。当时的人们从农民和小商人转变成城市中的制造业工人，进入工业经济时代。

加里·哈默尔称管理的初衷，是为了让人类成为半程序化的机器人，可以长时间工作，完成各种枯燥乏味、不断重复的工作。

为了应对工业化早期工人工作条件恶劣和工资水平低下的问题，工会应运而生。随着工会的壮大，工会人员开始与工厂主协商并签署合同，从而改善工人的工作条件。

　　人力资源部门诞生于工人运动，负责监督劳工合同的执行。之后，人力资源部门整合了如绩效考核等各种管理方法，来帮助各部门经理根据合同执行工作任务。

　　这些早期的最佳方法都是服务于企业利益，而且时常牺牲员工的利益。尽管今天的经济形势与过去已是天壤之别，许多企业依然沿用着这些方法。

工作是一种关系，而非一纸合同

正如在上一节中我所谈到的，管理制度发展过程中产生的合同制度对今天的职场仍有深远影响。通常情况下，如果有一份权责明晰的合同，员工会按雇主的要求完成工作。合同制度基本上就是工会早期的遗产。员工和雇主会签订正式合同，员工在合同下工作。但是即使没有签署正式合同，大多数企业也会假装在按合同行事。

在这种雇佣关系中体现的合同思维很简单：雇主提供工资和其他福利，员工用时间和汗水做交换。两者间的价值交换是非常基本、单纯的。

许多现代企业管理和人力资源制度都是为了让员工遵守合同：

• 职位描述主要规定了岗位要求和工作职责，以及确保企业提供优厚的福利待遇。其同时还规定了每个岗位的最低绩效标准，不达标的员工需对自己的失职负责。

• 工作指南和员工守则明确了公司的规章制度，规定了员工的权利和义务。违反规定的员工将面临被解雇的风险。

• 渐进式的纪律管理程序是处理公司内部行为不当或绩效问题（可能违反合同的）的"正当程序"。通常公司会向员工展示法律先例，以降低员工的违法风险，并让解雇员工（终止合同）的行为有据可依。

• 时间追踪机制是为了监控员工的工作时间，以保证企业用金钱换取员工相应的时间。它还被用于监控员工带薪休假和病假的时间，确保员工的休息时间是其应得的。这个机制是保证雇主在付出金钱之后，能够获得同等价值的员工劳动时间。

•如前文所述，绩效考核的目的是评估员工的工作表现，确定员工是否符合合同要求，同时它也是向员工发放奖金的依据。

在了解管理制度产生的背景，及其在工会时代的发展过程之后，我们就不难理解这些制度所产生的原因。签署和维护一份公平公正的工作合同在当时是件大事。那时的工人需要有一份合同防身，以免遭受恶劣的工作条件和低下的薪资待遇。

但是，一份好的法律合同应服务于双方的利益，同时保护双方的权益。在早期，合同对于员工来说十分重要，尤其是那时在工厂中工作并不是一件令人愉悦的事。那时员工想要找到工作的内在价值可不容易，对于他们来说，工作只是养家糊口的手段。

但是在20世纪，工作发生了翻天覆地的变化。20世纪60年代后期，人们对工作性质的理解，以及工作和工人之间的关系发生了转变。

许多研究管理发展史的专家都将道格拉斯·麦格雷戈（Douglas McGregor）的《企业的人性面》（The Human Side of Enterprise）一书的出版作为管理思想转折的关键点。在此书中，麦格雷戈提出了动机理论（theory of motivation）。他认为当时存在两种调动员工积极性的理论：X理论和Y理论，而这两种理论相互矛盾。之后他的动机理论也常被其他专家学者引用。

X理论认为人的本性就是不惜一切代价避免工作。该理论认为人天性懒惰，不愿工作。因此企业需要一种管理方法来对员工工作进行微观管理，给他们发放奖励，督促他们的工作，以抵抗人性中的懒惰。

不难想象，在那段工作让人痛苦不堪的时期，X理论快速地得到了发展壮大。对铁路公司或是钢铁工厂的管理者来说，把员工的消极怠工归因于人的天性，比将其归因于恶劣的工作环境更容易。因为工作环境很难被改变，但是工作还是得完成，所以把错归在人身上比较容易。

Y理论与X理论完全不同，它认为人会积极主动地完成工作，将工作视为满足个人需求的一种方式。在这个前提下，管理方式就会大大不同，管理者会更有同理心，更相信手下的员工。根据Y理论，X理论的基本原理（不断地督促和微观管理）将不再行之有效。

直到50多年后的今天，人们还常常引用麦格雷戈的理论，因为该理论直击问题的核心，解释了为什么对员工来说工作既不能满足个人需求，又不能丰富人生经验。该理论成了企业主、公司领导和部门经理们理解员工工作积极性的核心。在麦格雷戈的书刚出版时，大多数企业管理者都在按照X理论的指导管理公司。

想让管理者放弃X理论并非易事，这并不仅仅是因为他们需要放弃一切掌控权，还因为他们的责任需要得到巨大的转变。根据X理论，绩效不佳或工作效率低下全是因为工人工作不努力。其解决方案就是加强管理与督促员工工作。但是Y理论相信员工是能够自我激励的，因此当员工绩效不佳时，人们很有可能会想到是管理或是领导出了问题，才导致这个局面。这两者的矛盾显而易见。管理者为了自己的利益通常会采用X理论，因为他们不想为工作效率的问题承担责任。

X理论和Y理论的不同也许解释了企业管理发展缓慢的原因。人性中的保守因素牢牢控制住了企业管理者和领导者，让他们坚定地站在X理论的一方。因为对他们来说，应用Y理论需要承担更多的责任。

随着工作性质的转变，麦格雷戈的思想得到了广泛的传播和支持。在他的书出版的同一时期，一种新兴的工种出现了——这类工作依靠科技手段，旨在制造和传播知识与信息。同时人类社会也发生了重大转变，逐步从工业经济时代进入知识经济时代。

知识经济在几十年的时间里发展壮大，又在计算机和互联网的帮助下快速发展。经济格局的变化带来了诸多影响，包括员工在工作中创造价值方式的改变。知识型工作的开展迫切要求新型管理方式的产生。管理大师彼得·德鲁克（Peter Drucker）在1959年首先提出：知识型工作是用你的脑袋赚钱，而不是用你的肌肉赚钱。至此，员工的创造力、解决问题的能力及处理信息的能力首次成为工作的核心。

之后的几十年中，不管是在学界还是在商界，对工作及员工积极性的研究如雨后春笋般蓬勃发展。研究包括目标设定，内在动机和工作满意度调查。1990年，波士顿大学的威廉姆·卡恩（William Kahn）发表了他的研究成果，首次提出"员工敬业度"（employee engagement）概念。此后，这个概念又促使人们想要创造出Y理论代表的工作场所。那时距离麦格雷戈提出Y理论已有50年之久了。

对员工敬业度的追求导致人们开始对员工工作体验进行普遍调查并收集大量的相关数据。雇主几十年来一直在做员工调查，加上"最佳职场"计划收集的大量数据，以及其他职员调查研究得到的大量员工观点，这最终绘成了一幅大致的画面，向人们展示出在这个千变万化的世界中，员工激励和人员管理的复杂性。

◆ 数据分析告诉我们 ◆

多年的研究表明，当员工对工作产生感情时，他们在各方面的表现更佳。

以下是5个激发员工工作热情的关键因素：

• 尊重。当员工得到上司的尊重时，他们对自己工作体验的满意度更高，工作起来更有热情。同时，受到尊重的员工更倾向于追求自身职业技能的发展，对工作的抱怨更少。

• 信任。许多研究都强调了信任在员工工作体验中的重要性。当员工信任自己的上司时，他们的工作热情更高，工作表现更好，同时也会认为上司是最佳的工作伙伴。实证研究也表明，员工的信任感和其工作表现之间有着千丝万缕的关系。"最佳职场"研究所制定了全球"最佳职场"奖的黄金标准，该研究所将"信任模型"作为员工职场体验的最终衡量标准，信任与员工工作体验的关系从中可见一斑。

•**关爱**。几十年前，盖洛普的员工调查表明：员工与上司的关系对员工工作热情有重大影响。研究表明，对员工悉心关怀的才是最佳管理者。这些管理者小心地处理与每位员工之间的关系，尊重个体差异，试着了解员工的不同需求。

•**认可和欣赏**。调查数据还揭示了认可的重要性，唐·克里夫顿（Don Clifton）和汤姆·雷斯（Tom Rath）在2001年出版的《你的桶子有多满？》（*How Full is Your Bucket?*）一书中称，根据他们的研究，人们辞职的最重要的原因就是缺少认可。也有研究表明，当员工优秀的工作表现受到认可时，他们给予工作体验积极评价的可能性是未受认可员工的两倍。

•**归属感**。虽然研究人员到最近才发现归属感对职场的影响，但是归属感作为人类的基本需求早已在心理学界受到认可。因此，工作中的归属感与整体的工作热情息息相关，特别是对那些在职场中常被忽视的人来说。

如果你曾致力于激发员工工作热情，你对上述因素应该不陌生。在过去我负责或参与过的大部分员工调查中，这些都是调动员工积极性的主要因素。在大多数情况下，这些也正是企业最需要改进的地方。

◆ **好工作和坏工作对情绪的影响** ◆

这些都是塑造积极工作体验的关键因素。当你将自己的工作体验与之联系，这些因素的重要性可谓显而易见了，尤其是当某一方面存在缺陷时。在我为公司工作的10年里，我有过良好的工作体验，也有过消极的工作体验。虽然在别人看来，我的每一份工作都令人满意——公司都在稳步上升期，职位也都令人眼馋，而且我还有漂亮的办公室和丰厚的薪水。

有时我很热爱我的工作，但有些时候我也因工作而备受折磨。两者的根本差别在于，我是否受到尊重，是否拥有归属感。在我最喜欢的那份工作中，最令我感到开心的一点就是能够与彼此关心的人共事。因为我们是一个真正的团队，就算偶有分歧，也只是工作上的问题。我感到我的贡献是有价值的，也是受到尊重的，同时我也会尊重他人的努力成果。所以我对那份工作产生了感情。

然而，曾经令我痛苦万分的一份工作却发生在一家更加知名的大企业中，尽管在那份工作中我的职位更高，薪水也更丰厚。我在那个岗位上干得越久，就越痛苦。但是那份工作本身并没有问题，有问题的是我在这家企业的工作体验。

起初，我并不是十分"适合"这家企业。我被招进来的一部分原因是因为我与众不同。行事作风、思维方法上的不同，意味着真正融入这个集体非常困难。而我确实也没能融入这个集体。这导致我的隔离感和疏远感更加强烈。即使我和团队的工作都非常出色，我也感受不到自己的价值，因为这里的一切都与我的文化准则不符。久而久之，我与企业同事之间的信任也被瓦解，最终我离开了这家企业。

辞职后，我为终于结束了一段漫长而痛苦的关系而感受到心灵上的解放。即使我只在这家企业干了两年半，我也觉得元气大伤，需要一段时间复原。

就像我在本书的开头所提到的，工作带给个体最大的影响是在情绪上。虽然对雇主来说，工作就是份合同。但是对员工来说，工作远不止一份合同那么简单。

影响员工敬业度的关键因素：

- 尊重；
- 信任；
- 关爱；
- 认可和欣赏；
- 归属感。

仔细看看影响工作热情的这几大因素，它们一点都不像是合同用语。恰恰相反，这张列表上的因素都与人际关系、个人情感有关。它们是我们内心的渴望，反映了我们想要如何被人对待。

· 将工作视为关系 ·

当我在量子工厂作为"最佳职场"小组负责人时，我的研究小组每年都需要对之前收集来的成百上千份员工调查答案做宏观分析，从而预测未来发展趋势。

在分析哪些因素与工作热情关系最紧密时，上述5大因素名列前茅。在花费多年时间研究这些因素后，我突然意识到在生活中，这些因素对我们建立人际关系也起了重要作用。这5项因素合起来就是人们所谓的"被爱"。

调查发现，人们在工作体验中寻找的感受正是爱。这个研究结果并不在我们的预料之中，因为在工作场合，"爱"很少被提及。但是在我观察了一段时间之后，我发现当"最佳职场"公司的员工谈论起工作时，他们也会用到这个字。我常听到：

"我爱在这工作。这是我最棒的一份工作。"

"我的同事太棒了。我爱和他们一起工作。这儿就像我的家。"

"我爱我们的老板，他知道怎么关心人。"

于是我发现在致力于为员工打造最佳工作体验的公司中，"爱"这个字无处不在。

爱是一种情绪，只存在于人和人、人和物的关系之中。它代表了一种强烈的依恋感和责任感。当我们谈到是如何发现有人爱我们时，我们都会提到像是信任、欣赏和关心一类的字眼。这也是为什么我的婚姻是如此的充实健康——我知道我和妻子接受彼此一切美好的和丑陋的一面，我们在这段关系中展现的是完全真实的自己。

无论是在朋友之间、家人之间还是在其他重要的人面前，我们都想要被尊重、信任、关心、欣赏和拥有归属感。这些因素是一段稳定和健康的关系的黏合剂。

综上所述，我们可以明白，对员工来说，工作并不仅是一份合同，更是一段关系。当我们接受一份工作，进入一家公司之后，我们并不只是想要按照合同规定的那样高效工作，完成与公司的等价交换。我们想要被爱、被关心，想要随着公司的发展，创造个人价值。

工作并不仅仅是员工在许多段关系中普通的一段，它通常是员工最重要的关系之一。大多数人在工作上花的时间都是最长的。我们常常在工作中获得安全感、使命感和认同感。与工作建立的关系对员工获得在生活中的幸福感至关重要。当这段关系积极且健康时，员工才有精力进步。而当这段关系消极不堪时，员工也会感到痛不欲生。

这就是解决员工敬业危机的关键所在。员工将工作看作一段关系，并希望被正确对待。这是一种情绪体验。而雇主将工作看成一份合同，认为工作就是合法交易。

想象一下，在一段婚姻关系中，你的另一半，很少关心你，甚至从不向你表达爱意，但是他（她）常常提醒你要履行"婚姻上的义务"，并且总是指责你没有做到该做到的事。

这简直就是一份离婚指南！然而，这却是许多员工每天面临的现实。他们来到公司工作，想要被领导重视和关爱，但是在他们面前只有一条条合同上的工作义务。因此，员工对工作失去热情。员工浑水摸鱼的问题一直无法解决，也就不奇怪了。我们怎么能要求员工和工作长期处在这样的一段关系中呢？

雇主和员工之间分歧最明显之处就在于企业进行绩效管理的方式。无论是绩效考核，还是一对一谈话，它们都是为了让员工按照合同履行应尽义务而设计的。

想要创造一个更加人性化，员工可以在其中充分投入工作、释放潜能的工作环境，管理者需要重新设计工作体验，让所有员工都能与工作建立起一段健康的关系。

◆ 健康积极关系的特点 ◆

我们都保持着几段健康的关系——拥有可以聊起天来滔滔不绝的朋友，或是生命中无法离开的伙伴。我们也都有几段不健康的关系——完全不考虑他人感受的兄弟姐妹，或是无论如何也亲近不起来的家人。

如果我们想要为员工设计一段健康的工作体验，我们需要知道影响一段健康关系的关键因素。

为此，我们可以参考在心理学上的研究，因为心理学致力于研究人之何以为人的特质。波特兰大学的威尔·米克（Will Meek）博士设计了一个模型，列出了构建健康关系的8个关键因素：

1. **感兴趣**　当人们处在一段健康的关系中，他们总是会对别人感到好奇。他们渴望了解这段关系中的另一个人，了解他（她）的生活是否幸福。

2. **接受和尊重** 一段健康的关系建立在双方相互接受的基础之上，关系中的双方接受对方本来的样子，包括与自己的不同之处。

3. **积极关怀** 在一段健康的关系中，双方都会从更加积极的角度观察对方。他们认为对方的行为都是出于善意。当消极的事情出现时，他们将它视为关系中的失误，而非对方的缺点。

4. **满足基本需求** 作为人类，我们在任何一段关系中都会有基本需求：归属感、喜爱感及情感支持。在健康的关系中，每个人都会尽力理解和满足对方的这些需求。

5. **良性互动** 这个因素似乎显而易见。许多学者包括约翰·高特曼（John Gottman）和盖洛普通过研究发现在处理关系时良性互动的重要性。当良性互动和恶性互动的比例达到5：1时，我们就创造了一段积极的、令人满意的关系。

6. **解决问题** 每段关系都有自己的问题。一段稳定的关系需要双方共同努力，解决能够解决的问题，并将不能解决的问题的影响降至最低。这就需要双方进行一些具有建设性意义的冲突。

7. **破裂和修复** 能够快速有效修复关系的能力非常关键。许多时候，关系中破裂的部分无人处理。而处在健康关系中的双方从不安中挣扎出来，就破裂部分进行交流，对其积极修复。

8. **一段健康的关系不会是单方面的** 双方需要齐心协力，为这段关系共同努力。正是这样的承诺决定了这一段关系的成败。而在我们之前讨论的例子中，员工已经面对太多破裂的关系了。

现在我们知道，为什么一些传统的绩效管理方式完全不起作用了。比如年度业绩评估，它完全不像是为建立一段关系而进行的。我个人对这项制度充满了焦虑、担忧、受挫和困惑。当你对一家企业的价值只能由另一个人的主观判断来实现时，那么作为"被评估"的你很容易就会丧失所有被关心、被在乎的感受。不仅如此，这项制度完全抹杀了人类的基本需求：归属感、喜爱感和情感支持。年度业绩评估的单边性切断了一切互动的可能性。

管理者和员工一对一的会谈本来应该是积极正面的，但是如果领导者只是专注于员工是否按时按量地完成了工作，而不是会谈本身，这也有可能会使领导者和员工之间的关系变得充满责任压力。我之后会谈到，当一对一会谈包含了上述8个关键因素时，它就可能成为有效的会谈，会对员工的积极性产生巨大的正面影响。

米克博士的模型中没有提到时间的重要性。上述所有的因素都需要花时间和精力。比如说，你想表达对某人的兴趣，你就必须花时间和他待在一起。这没有捷径可循。

几年前，我女儿只有7岁。当我问她如何判断谁爱她时，她沉思了一会儿，然后回答："如果那个人爱我，他会经常拥抱我，也会经常亲吻我。他也会经常跟我待在一起。"即使是孩子也知道，如果一个人真的在乎你，他能够给你的最宝贵的东西就是时间。

没有时间的投入，就不会有关系的建立。这是我们不愿意承认的事实。因为过去几十年中管理学的重点都是在追求效率。效率最大化的追求使得企业更关注精益六西格玛（Lean Six Sigma）[①]，公司经营模式的持续改善（kaizen）[②]等制度的建立。

从雇主的合同观点来看工作，效率最大化就是抓住每分每秒，让员工按照合同工作并付出最大努力，使企业获得最大收益。换句话说，就是让生产力最大化。在传统的工业思维方式中，员工在工作中每分钟

[①] 精益六西格玛吸收了精益生产与六西格玛管理的优点，其本质是消除浪费。——译者注
[②] kaizen 是一个日语词汇，意指小的、连续的、渐进的改进。——译者注

产生的生产力越大，雇主获得的收益越大。从过去60年企业的盈利率来看，企业对生产力的追求给股东带来了巨大的利益。但是代价是什么呢？从1958年到现在，标准普尔500指数企业的平均寿命从60年降至20年以下。

构建关系效率不高，因为人们需要花上几个月甚至几年的时间来做这件事。从合同的角度来看，这么做效率低下。因此，与员工建立健康关系所要花的时间都被管理系统排除在外了。这很可能是员工工作热情低下，人们为了更好的工作体验不断更换工作的主要原因。

> **案例分析　默克（Merck）一对一**
>
> 　　2015年上半年，位于美国北卡罗来纳州达勒姆的默克药厂的管理小组，决定将关系构建作为调动员工积极性的策略。他们的方法很简单：每个月员工都至少有一次机会可以与上司进行一对一会谈。这个方案通过之后，管理小组通知了工厂上下的员工。尽管在制造工厂中时间就是生产力，但是管理小组还是希望能实现他们的长期目标，经理每个月需要花两个小时与员工进行一对一的交谈。管理小组为该谈话制定了基本框架，并以此作为谈话的开始。
>
> 　　谈话的框架十分简单：
> - 聊一下员工最近的工作体验及进步；
> - 就双方的表现分享一下看法（经理对员工，员工对经理）；
> - 回顾一下职业目标和发展计划。
>
> 　　管理小组的主要目标是让经理和员工能够对话，从而建

> 立或巩固他们的关系。最初的两年，在会谈结束后，经理都需要对此进行报告，管理小组对员工也做了调查——为了确保对话能够进行下去。
>
> 　　他们的设想是，经理和员工之间强有力的联系能够转化为工作积极性，从而维持或是改善工作表现。事实证明他们是对的。在一对一会谈计划进行的两年时间里，员工敬业度平均增长了15%，其中一些部门增长了24%。同时员工工作质量和绩效评估结果明显改善。这一切都是因为管理小组利用了在大多数企业看来都是极度短缺的资源：时间。

　　对企业来说，投入时间培育上述8个关键因素，从而建立良好关系既是企业最大的挑战，也是企业最大的机会。一旦成功，企业就可以创造让员工感到愉悦的工作体验，从而释放他们的潜能。

•关系测试•

　　本书的目标是研究如何重新设计绩效管理系统，从而创造更加人性化的工作体验，同时提高员工绩效。为了达到这个目标，我们必须了解工作对员工来说更像是一段关系，为了充分开发他们的潜能，我们必须让这段关系变得积极健康。

　　想要按我的方法来改造你的公司，你需要付出时间和精力。通读全书，你会找到你所需要的一切。但是如果你迫不及待想现在就动手，我可以给你指一条近道。我会告诉你在这些方面做出努力，成效是立竿见影的。

　　我将这条近道称为关系测试。

　　下面是一个简单的思维训练。想象一下，如果将职场中的那些交往方式、制度和手段应用到你与你周围人的身上，比如你最好的朋友或是伴侣，它们会不会对你们之间的关系有益。你可以将它们应用于生活或者工作，或者你也可以假设你的好朋友或是伴侣恰好是你的工作伙伴。这都没有关系。

当你将某项制度运用到你在乎的人身上时，请问自己这样一个问题："它对我们的关系是有益还是有害？"

如果这项制度改善或是维持了你们之间的关系，那你或许可以让这项制度继续发展。因为它通过了关系测试。

如果这项制度的运用对你们的关系有害，那么它就没有通过关系测试，还有待改善。这条近路让我们意识到，我们对待员工的方式是永远不可能用在我们在乎的人身上的，而我们却在某种程度上将这种对待方式合理化了。

让我们再来看看下面这个例子。想象一下，你才与另一半建立亲密关系，而你对待他（她）的方式就像对待一个新入职员工一样。

你和你的另一半约了几次会，一切进展顺利。你们喜欢腻在一起，时时刻刻不想分开。你们的兴趣爱好也正好相同。因此你们俩都决定正式建立恋爱关系。

你决定在周六的早上邀请你的另一半到你家里，想让你们的恋爱关系有个好的开始。一开始你给了另一半几张纸，花了1个小时介绍了你的紧急联系人、就诊用药信息及平时的周计划。介绍完了之后，你又花了2个小时介绍你的成长经历和价值观。最后，你可能还会告诉另一半你对他（她）的一些希望，以便他（她）能够成为你理想中的伴侣。

到那时，我相信你的这段恋爱关系就快要结束了。你做的这些事不仅让人有些尴尬，甚至还体现出了你的傲慢和不解风情。这段关系完全是单边的，你忽视了关系中的另一方。

这样的交往方式肯定通不过关系测试。如果我们不会这么对待我们身边的人，那么为什么我们要这么对待员工们呢？下一步你就要好好想想该怎么重新设计员工的入职流程，让新流程能够实现我们的希望，能够与员工建立良好的关系，而不是损害两者间的关系。

关系测试能够帮助我们意识到，我们在无意之中做出了哪些非人性化的行为，让我们不断自省，从而获得进步。这么做会不会损害我们之间的关系？如果考虑到我们之间的关系，我们会设计怎样的制度？我们可以用关系测试来有效评估工作中的人际交往和制度设计的影响。但是如果我们想要创造一个积极的工作体验，一种健康的工作关系，我们就需要更进一步，想想怎样让关系融入我们的工作之中。下一节我们将探讨如何将绩效管理变成更加行之有效的系统。

要点总结

古老的"工作就是合同"仍然影响着员工的工作体验，人力资源部门和管理部门还坚持着绩效评估、工作职责说明及印发员工手册等工作方式。这些工作方式主要为企业的利益服务，有时会损害员工的利益。

与劳动合同延续至今的还有一种古老的管理思维：员工的本性都是懒惰的，为了完成劳动合同的规定，必须有人逼迫和监视员工工作。

20世纪60年代，道格拉斯·麦格雷戈的观点改变了人们对工作的理解，从而推动了对员工敬业度的研究和评估。在他的观点中，员工会积极主动地完成工作，追求事业上的成功。

对员工情绪的研究发现，员工工作体验与他们在日常生活中的人际交往是一样的——他们需要被尊重、信任、欣赏、关爱和拥有归属感。

只有健康积极的工作关系才能释放员工的潜能。你可以利用关系测试得到一些立竿见影的效果。

重新思考绩效管理制度

上一节中我们说到，工作对员工来说是一种关系。了解这一点对我们重塑员工体验是至关重要的第一步。但重新思考和设计员工工作体验仍然是一件任重道远的事情。

在阅读本书的旅程中你绝对会收获满满，但是路上要面对的挑战也会接踵而至。人际关系非常复杂，创造任何一种健康持久的关系都会让你收获颇丰，但是过程中也充满了困难。在了解工作是一种关系后，你就能够明白为什么调动员工积极性如此困难。无论是哪种关系，你都需要持续地花时间和精力才能融入进去。

回顾这些年来我与朋友的对话，他们谈及的有关恋爱关系的体验内容，听起来跟调动员工积极性是差不多的。

两个人在一起，希望能够建立一段关系，让彼此开心同时满足双方的需求。起初双方都在努力想要给对方留下好印象，激动万分，对一切都充满了新鲜感。对这段新关系的热情使得他们能够假装喜欢自己讨厌的东西或是忽视那些也许违规的东西。他们只看到自己想看到的，其他的全被他们忽视了。

但一天天过去，他们不再那么努力了。双方都在一点点地向对方展示真实的自己。在这个过程中，他们暗暗决定，要么为这段关系付出更多，变得更加忠诚和奉献；要么退缩不前，不再为对方付出。这些无声的决定是关系中的真相时刻（moment of truth），也是关系发展中的分岔口。这些真相时刻不断累积，到最后你也许会收获一段牢不可破的关系或是走向分手。一段关系的建立或结束很少只是因为一个决定，而是由无数个小小的决定累积起来的。

当我第一次遇到我的妻子时，我觉得她是一个美丽、坚强且有趣的人——这些特质都很吸引我。幸好我对她也有足够的吸引力，才得到了她的手机号码。第一次见面很顺利，这也是我们初次而又关键的真相时刻。之后我们又约会了一次，想要更加了解对方。

初次交流后，我知道我未来的妻子是一个离了婚的单亲妈妈，有一个儿子。作为一个快30岁的单身汉，我渴望拥有一段正式的恋爱关系，但是我不确定我是否能够负起责任照顾一个孩子，以及应对孩子带来的影响。在恋爱初期，这又是一个重大的真相时刻。显然我接受了这个挑战，但是我们达成一致，在确认了正式恋爱关系之后再见她的儿子。

几周后，我迎来了见我未来儿子的时刻。他是一个5岁的小男孩，朝气蓬勃，满头金发，有时可爱，有时也令人讨厌。那天他下定决心要好好考验我一番，于是我们的第一次见面有点尴尬：他在测试我，我在了解他，我将来的妻子又在观察我是如何应对这种情况的。这对我们3个人来说都是一个关键的真相时刻。显然你已经知道了最后的结局——我们都决定继续这段关系。

就像生活中许多其他关系一样，我的婚姻也是由这些真相时刻建立起来的，我和妻子彼此共同经历着各种体验。一年又一年，这些真相时刻的内容发生了变化，但是它们仍然会出现：当我们不想道歉的时候是不是还会说对不起？我们会选择花更多的时间待在一起，还是各干各的？我们会不会将对方的需求放在第一位？每一个真相时刻都是对这段关系进行抉择的时刻。从过去到现在，这些时刻对我们来说都很重要。

回想一下你的人际关系：你是否能够清楚地说出是因为哪些关键的真相时刻，你才收获了一段最佳关系？

- 他们是如何对待你的？
- 当你与他们在一起时，你感觉如何？
- 他们如何对待你重视的人？
- 当你需要他们时，他们会出现吗？
- 他们会帮助你吗（即使当他们也处于捉襟见肘的时期）？
- 他们会帮你保守秘密吗？

这些真相时刻左右了你在一段关系中的体验。每当经历过一个真相时刻，你都会更多或更少地投入这段关系中。真相时刻会强化或减弱你与其他人的亲密度。

当你与另一个人的亲密度增加时，你就会更加看重这段关系，你也会更加乐意为对方付出。我可以为了我的妻子付出一切，但这只是我生活中一个极端的例子，因为在我所有的关系中，我与妻子的关系是最亲密也是最重要的。

再举一个不那么极端的例子，我也有几个好朋友，我很愿意为了他们花一个周末的时间，帮他们在院子里搭一个小屋，尽管我在周末也有很多想和妻子一起做的事。我为他们放弃周末的其他计划，只是基于这么多年来我们建立的关系。事实上，我们每天都要做这样类似的关系决策。我们在这段关系中的亲密度或投入程度越高，我们为对方付出的可能性就越高。

这就是为什么近年来关于员工敬业度的讨论都变成了关于员工体验的探讨。无论在哪段关系中，我们个人体验的质量和性质决定了我们在这段关系中的亲密度。而亲密度又会影响我们在这段关系中的付出程度。

就职场来说，工作体验决定了敬业度，而敬业度又影响绩效。因此想要释放员工的潜能，你最好从员工体验入手。

就员工和职场来说,体验这个概念听起来或许有些新鲜,但事实上它诞生已久。市场营销和产品设计学科多年来都致力于研究和设计客户体验。在销售和餐饮业,体验的重要性更是不言而喻。

回想一下最近一次你在商店、饭馆甚至是网上消费时享受的愉快体验。你感觉如何?你想要你的公司为你创造同样的体验吗?

再回想一下最近一次糟糕的消费体验,你很容易就能发现两者之间的差别。积极的体验会留住老客户、招来新客户,而消极的体验则意味着客流损失,差评不断,甚至还会在网上掀起一片骂声。

不同的体验会让你迅速建立或失去与客户的关系,这些事的发生甚至比你的私人关系的建立和失去还要快。因此,专门研究客户体验设计原则的学科便诞生了,其在软件开发领域被称为用户体验(user experience)。广义上来说,客户体验设计是从客户出发,以其体验质量为中心进行产品和服务设计,包括根据品牌承诺塑造客户互动。

在体验设计中,客户与产品间或是客户与品牌间的互动就是真相时刻。与个人关系一样,每一个真相时刻都是一个决策点,最终决定了我们在这段关系中的奉献和投入程度。因此,体验设计者想要鉴别出这些真相时刻,确保每一次决策的结果对产品或品牌来说都会产生积极影响。

◆ 绩效管理的核心是员工体验 ◆

释放员工潜能的关键是运用员工体验设计中的各种方法,影响员工每天的真相时刻。管理者需保证每一次真相时刻的决策结果都能让员工与工作之间的亲密度提高,让两者间的关系更牢固。这就是员工敬业度的核心。而高度敬业必然会产生高绩效。

每一个工作中的,或与工作相关的互动都是真相时刻,它会巩固或削弱员工与工作的关系。一些真相时刻的抉择非常简单，并且每天都在发生。比如在走廊上如何跟同事打招呼就是一个小小的真相时刻。在工作中遇到问题时，员工寻找解决办法的过程也是一个真相时刻。甚至是办公室的建筑质量、舒适程度都属于日常的真相时刻。在每一个真相时刻中，积极体验会让员工和工作的关系更加坚固，消极体验会让员工与工作的亲密度降低。如果工作环境让员工如坐针毡，且很难使员工在工作中有出色的发挥，那么日常的真相时刻就会一步步降低员工的工作积极性。

除此以外，还有许多更加重要的真相时刻，它们对员工和工作的关系有更大与更直接的影响。这些时刻直击一段健康关系的核心：沟通、信任、尊重、欣赏及上节所提到的其他因素。

重要的真相时刻包括：

- 员工与经理或领导的一对一互动；
- 领导对员工工作表现的评估和反馈；
- 领导对员工努力的认可；
- 领导与员工就薪水和职业规划的讨论；
- 会议；
- 领导对负面消息的回应；
- 领导的预期目标；
- 员工面试及入职培训；
- 领导与员工就重大变故的沟通；
- 工作之外，领导对员工生活上的支持。

工作中还有一些更加明显的重大真相时刻，其中有一些互动每天都在发生。基于这些时刻所产生的体验，员工会做出怎样无声的决定？更重要的是，你该如何利用这些真相时刻巩固员工与工作的关系呢？

第1章
工作的缺陷，员工埋单

在传统的绩效管理制度中，比如年终审核与绩效工资制，它们对员工和经理来说，都是重要的真相时刻。但是在年终审核中，员工体验却是最常被忽略的——这项制度以员工工作完成度为基础，着重考察员工是否按要求完成了工作。它通常不会考虑员工的工作体验，所以这个人人都讨厌的制度很有可能会创造负面的真相时刻，损害员工与工作的关系，从而损害员工绩效。

人们早该重新设计绩效管理制度了。在未来，这项制度应该为提高员工敬业度、充分释放员工潜能而设计，它需要为员工创造和维持积极的工作体验。因此，绩效管理系统不能再以员工工作完成度为基础，或是对照规定对员工打分。它必须成为一种思维方式，一种塑造员工体验中积极的真相时刻的一种方法，从而巩固员工与工作的关系，增加其亲密度。

绩效管理制度也不应再从属于人力资源部门，我们也不应对其墨守成规，而是必须规定企业工作的开展方式。假设人是企业中的"硬件"，那么绩效管理系统就是其中的"软件"，它规定了我们该如何独立开展工作，或是进行小组合作。如所有软件一样，绩效管理的价值高低取决于它的实用度和使用效率能否达到我们想要的结果。同样，受人欢迎的软件和无人问津的软件中最大的一点区别就是它们的设计。

幸运的是，我们可以借鉴客户体验设计方法，为此开一个好头。

• 明确你的目的 •

上面我们说到了客户体验的定义，而体验设计其实就是根据品牌承诺创造与客户的互动。品牌承诺明确了客户在与企业的互动中可以得到什么，并展示了企业通过其产品、服务及其与客户间的互动可以设计出什么样的体验。

亚马逊公司在全球受到用户的不断好评。它的品牌承诺清晰有力：为客户提供全球最多的商品选择，做最为重视客户的企业。这个承诺听起来口气不小，但是它清楚地展现了亚马逊是如何工作的，以及采用这种工作方式的原因。如果你曾在亚马逊上买过东西，或是接触过它的客服部门，你的体验是否与亚马逊的品牌承诺一致？作为亚马逊的常客，我在看到它的品牌承诺时一点也不惊讶，因为它准确地描述了我的消费体验。

又比如宝马的品牌承诺：终极座驾。这一承诺同样清晰明确。虽然宝马和亚马逊是两家完全不同的公司，但是它们都明确了你在购买产品和服务的过程中能够拥有怎样的体验。两家公司都阐明了它们可以满足客户的某项要求。正是基于这种清晰与明确的特征，公司可以根据品牌承诺设计客户体验或是产品体验。因此，目的明确是优秀设计的基础。

重新设计绩效管理制度的第一步就是明确员工可以获得的体验类型。企业价值、企业文化、雇主品牌和员工价值主张中都有可能会涉及这方面的内容。这也说明你可以有好几种方法阐明目标员工的体验。只要能够清晰明确地表达你的品牌承诺，想要让员工获得理想中的工作体验，其实使用任何一种方法都可以。

在明确了品牌承诺之后，你就有了以下两个问题的答案：

- 你想让员工获得怎样的工作体验？
- 为什么创造这样的体验对你来说是很重要的？

亚马逊和宝马的品牌承诺短小精悍、简洁有力，描述了各自品牌的最高追求。但是，这几句承诺只是一个开始，想要创造理想中的客户体验只有一个明确的目标可不够。像亚马逊和宝马这样的大公司，它们都会有一个专门小组详细解释其品牌承诺，制定工作规划。

在职场中，品牌承诺就是企业文化。一些公司会进一步明确其企文化，从而说明自己希望员工获得怎样的工作体验。明晰的企业文化也有助于员工与企业共同创造理想的工作体验。

Hubspot（集客式营销软件开发公司）称它们有属于自己的文化代码（如下所示）。公司在网络上用128张幻灯片公开解释了每一条代码。这些文化代码为所有员工描绘了在Hubspot工作的体验。同时，在网络上公布幻灯片也是为了让员工（客户、投资方及大众）更好地监督公司对文化代码的执行。

Hubspot的文化代码

1. 废寝忘食，力争上游；
2. 立足长远，服务客户；
3. 热爱分享，高度透明；
4. 高度自治，全力以赴；
5. 尊重人才，珍惜人才；
6. 与众不同，挑战权威；
7. 时光易逝，生命短暂。

The Motley Fool是一家金融顾问和分析公司，它也同样明确了公司的员工体验目标。但是它并没有采用Hubspot的形式，而是用了一个令人意想不到的工具：员工手册。但它的员工手册可不是大家习以为常的那种索然无味的小册子，甚至从严格的意义上来说，它根本不是手册，而是一个交互式网站（www.thefoolrules.com）。公司内外的人都可以登录这个网站查询员工手册。在员工手册的头几页，你可以看到其对企业宗旨和核心价值观的解读。基于这种清晰明确的解读，手册展示了公司想要创造的员工体验。

The Motley Fool的宗旨和核心价值观

宗旨：让世界更好地投资

核心价值观："锲而不舍"

- 合作——共创伟业；
- 创新——寻找最佳实践，不断创新；
- 诚实——让我们为你自豪；
- 竞争——公平竞争，发愤图强，力争上游；
- 乐趣——在工作中找到乐趣；
- 多彩（Motley）——找到你自己的梦想！

    上面的例子都说明一个清晰的目标便于我们进行相应的员工体验设计，在此基础上我们才可以重新设计绩效管理系统，让每一个重要的真相时刻都能产生积极的结果，巩固员工与工作的关系。

    也许你对此会感到有些压力，不知道该如何下手为自己的公司制订这样清晰的目标。但是面对这个问题的，并不是你一个人。据我所知，大多数企业都没有明确的目标，因此带来了糟糕的员工体验。为了知道从哪里下手比较好，我们可以再次借鉴客户和用户体验设计。

    在着手设计之前，你需要了解你的客户，知道客户与产品、服务或是企业之间互动的方式。就职场来说，你必须了解你的员工，明白他们与企业互动的方式，知道什么才是他们心目中最重要的互动。

    如果你正要着手设计员工体验，并想要得知以上问题的答案，那么最简单的方式就是询问你的员工。你可以根据公司的规模，采用网络问卷或是焦点小组的形式。如果你的公司规模不大，你还可以与员工坐下来面对面，或是进行一个小组谈话，这样的做法更加简单、有力。

    这样做的目的是要了解员工在公司中的体验，找到加强员工与工作关系的办法，从而实现公司的宗旨和目标。

以下是你也许想与员工探讨的问题：
- 你在什么时候会觉得工作让你精力充沛？
- 你在什么时候会觉得工作充满了意义？
- 工作顺心的那天，发生了什么？
- 工作不如意的那天，发生了什么？
- 如果你可以改变或删除每周工作任务中的一项，你希望是哪一项？为什么？

也许因为调查研究的工作既费时又费力，你可能对其十分抗拒。但是请千万别跳过它们。无论你要进行的是体验设计、软件设计还是建筑设计，千万别忘了调查研究。如果你想要创造一样东西，你就必须得明白你是为谁创造的，以及为什么要创造这样的东西。

同时，你也很有可能会假装自己已经了解员工的所需所求。除非你的公司非常小，或者你一直坚持组织员工会谈，及时接收和给予员工反馈，并就上述问题组织过探讨，否则你将不可能充分了解员工的需求。我已经在员工调查领域工作了几十年，但即使是到了今天，我依然对领导层看到公司调查或是焦点小组成果时的吃惊表情印象深刻。在大多数公司，员工的日常与领导想象中的情况相去甚远。在着手设计员工体验之前，这样的理解偏差必须被纠正回来。

只有在深入了解员工的需求之后，你才可能成功地设计出你想要的体验类型，达到你的目标。明白了这一点，你才可以决定要设计怎样的员工体验，哪一种体验可以调动员工积极性，同时又符合企业宗旨。在看了Hubspot和The Motley Fool的例子之后，你应该明白怎样的设计才是威力无穷的。

将员工体验融入企业宗旨，你就能看到奇迹的发生。但是你不能直接套用其他公司的模板。银行员工需要给客户一种安全稳定的感觉,这样的工作体验与科技创业公司或是高级餐厅员工的工作体验是截然不同的。关键在于你需要为你的公司量身定制一套方案。下面让我们来看看门罗创新公司(Menlo Innovations,以下简称"门罗公司")的例子。

案例分析　门罗创新公司

门罗创新是一家软件开发公司,总部位于美国密歇根州的安阿伯。门罗公司以设计和创造积极的工作体验闻名,并成了业界标杆。越来越多的公司开始对门罗公司的管理方式感兴趣,因此门罗公司的首席执行官理查德·薛瑞登(Richard Sheridan)还为此写了《快乐公司》(Joy, Inc.)一书,并在书中描述了门罗公司文化和内部主要的工作方式。门罗公司宣扬"公开透明、合作民主"的文化,致力于创造"快乐"的体验。这几个词语让员工可以清楚地知道,在门罗公司工作可以收获怎样的体验。

如果你了解门罗公司的工作方式或是与其公司员工有过交谈,你很快就能发现,在门罗公司为员工设计和创造工作体验的过程中产生了许多积极的真相时刻,从而让员工和工作的关系更加牢固。它的工厂(它称之为办公室)内有一面墙布满了卡片,任何员工都可以在卡片上看到其他人的工作内容。另一面墙上有一张表格,展示了员工现在的职位,以及其未来的职业发展道路。工作小组收集员工反馈,向小组成员提出意见和建议,因此门罗公司并不需要传统的领导方式或管理制度。

要注意的是,门罗公司的软件开发方式是非常特别的——员工两两成组,两个软件开发工程师搭上一个键盘就能编写代码、开发软件了。因此他们对客户的影响也更为直

> 接。同时，在软件开发的过程中，他们也会应用"高科技人类学"的知识。事实上，门罗公司的企业文化和员工体验都是为了支持软件开发，并且两者已经融入了我所谓的绩效管理系统之中。
>
> 门罗公司的工作方式是独一无二的，对其照搬照抄注定会失败。门罗公司明确了其与员工、工作体验相关的目标，并根据目标制定日常工作，创造工作环境。所以你只有在明确目标之后才可以设计出自己的管理系统，制定详细步骤，并借助特定工具，让企业效率达到最大化。

◆ 绩效管理制度需要重塑吗？◆

现在我们已经了解到，传统的绩效管理方式已经不再那么行之有效，因此有些人也开始认为我们不应该再管理绩效。实际上，许多人对年终绩效评估制度嗤之以鼻，他们觉得"绩效管理"这个名称也应该被取消。

有人认为我们应该用绩效激励（performance motivation）和绩效交谈（performance conversations）这样的名称。这些名称确实非常吸引人，许多人对此表示支持，因为这些名称代表了人们的推陈出新。在饱受了旧制度多年的残害之后，任何新观点都容易让人们欢呼雀跃。

在旧的绩效管理制度被革新后，新的绩效管理方法核心都旨在创造出一个更加人性化的工作场所。多年来，员工都被视为机器上的一个个小齿轮，随时可以被替换。而现在我们更希望有一种制度可以将员工作为人来对待。因此，新的管理方法在取名时加上了"激励"和"交谈"之类的词语，从而让它们看起来更加人性化。

但是对此仍有一些人能够保持清醒，他们意识到无论我们是否喜欢绩效管理这个概念，它都已经扎根于管理工作的方法中。在我们想方设法将工作变得更人性化，用各种不同的名目取代"绩效管理"一词时，企业领导们的处境就变得岌岌可危。上一节中提到，在过去的几十年中，传统的工作方式曾为企业创造了极大的利润。而我们的祖先更是教导我们："如果东西没坏，就别去修理它。"

绩效管理制度存在的必要性不言而喻。毕竟绩效是企业生存的支柱，是衡量企业是否完成目标的工具。

每家企业都有一个（或几个）目标。企业通过满足市场需求为员工和领导创造价值。例如，阿迪达斯生产衣服和运动装备，如果人们不再购买这些产品，那么阿迪达斯只能重新制订企业目标，或是破产。

非营利性组织的目标则不同。它们的存在是为了满足一个特定团体的需求，或是为了特定的目的。例如国际关怀协会（CARE International）致力于在世界范围内消灭贫困。如果全世界的贫困问题都被解决了，那么国际关怀协会也无须存在了。

企业层面上的绩效达标主要取决于企业是否有能力维持经营。阿迪达斯大量生产和销售货物，从而提高其自身的股价。国际关怀协会致力于解决贫困问题，不断募集资金和支持，从而得以运作下去。

绩效是企业的命脉。

为了实现企业的成功，员工需要团队协作，完成个人工作任务。并且一个人的工作成果通常与另一个人的工作成果息息相关，因此绩效链条中任何一环的问题都会影响整条工作链。

同时，某一员工绩效的提高也会促进与其相关的整个工作小组的业绩提升。因此，每释放一个员工的潜能，提高一个员工的绩效，整个企业绩效也会呈指数级上升。

根据我多年的经验，大多数企业领导者都明白员工绩效的重要性。

因此他们坚定地相信管理是企业的重中之重。

绩效管理对领导而言是有重要意义的。从企业存在的正当性来看，绩效管理的目的是绝对正确的。出错的从来都不是绩效管理的初衷，而是我们多年来一直使用的过时低效的管理方法。

我们的目的不是要取代绩效管理制度，或是给它起一个新名字，而是对它进行重新设计，从而释放员工潜能，提高企业绩效。

◆ 重新设计绩效管理系统 ◆

我之前说到绩效管理制度就是企业的软件。按照这个说法，今天许多企业正在使用的该软件版本就相当于早期个人电脑中的初代文字处理程序。这种程序只是用数字纸张取代了实体纸张，实现了文档的数字化。在那时，能够输入和编辑电子文档（主要是修改拼写和打印错误）已经是一项重大的突破了。

现在，让我们将那时的技术和今天Microsoft Word和Google Docs这样的文档创建工具来进行对比：两者在功能上基本相同，都可以让我们在电子文档中进行输入和编辑的操作。但是这些现代的工具在过去的几十年里，已经随着技术和人类的发展而突飞猛进。

今天的文字处理程序可以自动修改打字错误和语法错误。你可以选择各种各样的字体、颜色和字号。文字处理程序还能够实现自动保存，以免你丢失文档。你可以将你的文件转换为各种格式，不用将其打印出来就可以实现共享。除此之外，现在大多数文字处理程序还可以让分隔在各地的人们在同一时间内对同一文档共同进行编辑。

初代文字处理程序满足了那个时代的需求。但是随着时间的推移，用户需求发生了变化，新的程序需要被不断开发出来才能与之相适应。

绩效管理制度也同样需要升级换代——从初级的单机程序发展成为

根据工作内容和工作人员的需求而生的系统。一个设计优良的绩效管理系统就像一个设计完善的软件，它能让工作变得更加便捷，更加令人享受，且使人们运用起系统来也是轻而易举、事半功倍。

如果你还不知道该如何着手重新设计绩效管理系统，我可以给你一些建议。尽管年终绩效考核制度效率低下、不受欢迎，它依然体现了一些高效绩效管理的基本方法，如目标设定与进度评估。如果你的企业在这些方面能够有出色的表现，那么你在设计自己的管理系统时也会更加得心应手。但只做到这些还远远不够。

◆ 绩效管理3步骤 ◆

我是在农村的环境中成长起来的，身边都是农民。我认为农民从事的就是绩效管理工作。毕竟他们的生计取决于农作物的生长情况。他们对农作物管理得越成功，在收获时节能够得到的回报就越大。

显然农作物和人类是完全不同的。但是我认为我们还是可以借鉴一些农民的做法。他们对每年种植的农作物有清晰的规划，同时也会密切监督每一季农作物的生长态势，仔细评估农作物的生长是否与预期相符。这些都是值得我们借鉴的经验，但是最重要的一点还是培育。

耕作中的培育就是要消除杂草，添加肥料，促进农作物的生长。农民会在田间浇灌，给农作物提供水分。他们还会使用除草剂或是杀虫剂，消灭阻碍农作物生长的东西。然而这只是开始。

农民认为他们不能够拔苗助长，他们也不需要这么做，因为每一株植物的基因早已被大自然精心设计，因此它们可以自发生长。农民们的工作就是控制变量，为植物的生长提供最佳条件。他们努力释放每株植物的生长潜能。平年和丰年的区别就在于培育。

在我看来，无论是在实际操作上，还是在管理思维上，传统绩效管理制度最缺少的就是培育。传统的绩效管理制度建立在守约的基础上，目的在于控制和强制员工的某种工作表现。这与培育的观念截然相反，实际上是在拔苗助长。

支持培育观点的人们认为每个人都从内心渴望释放自身的潜能，也自然有能力充分发挥自己的潜能。他们也认为人的成长和表现与其他生物是一样的，都是自然而然的。而我们应该要像农民一样，专注于可控变量，培育员工的工作体验，创造适宜的工作环境，以此促进员工的成长，释放员工的潜能。

有效的绩效管理系统致力于为充分释放员工潜能而设计工作体验。该系统认为，员工的工作体验是一种关系，因此有效的管理系统应该要建立和加强员工与工作之间的亲密关系。

如图1-2所示绩效管理由3个不断重复、相互联系的步骤组成，根据企业的宗旨和目的，可以有多种表现方式：

1. 计划（planning）；
2. 培育（cultivation）；
3. 问责（accountability）。

图1-2　绩效管理3步骤

在接下去的章节中，我会进一步阐述这3个步骤，提供一些成功企业的实例，供你参考。我也会列出许多方法和工具，帮助你设计出适合企业的管理系统。

> **要点总结**
>
> 　　将工作视为关系没那么容易，因为关系是非常复杂的。每一段关系都由许多的真相时刻组成，它们会巩固或是损害这段关系。只有不断地创造积极时刻，你才能收获一段健康的关系。
>
> 　　员工的工作体验由许多的真相时刻组成，而这些真相时刻会巩固或损害这段关系。只有努力创造工作体验，丰富员工的积极时刻，员工的潜能才能够得到释放。
>
> 　　在设计员工体验时，你可以借鉴客户体验设计。在设计的第一步，你需要明白员工的所需和所求，然后清楚地描述企业的目的。
>
> 　　绩效是企业的立身之本，绩效管理是企业的重中之重。由于错误的管理手段，绩效管理一直未能实现其目的。绩效管理需要的是创新，而不仅仅是改个名字而已。
>
> 　　绩效管理由3个不断重复、相互联系的步骤组成：计划、培育和问责。

UNLOCKING HIGH PERFORMANCE

第 2 章
绩效计划

下午1点，刚吃完午饭的你打开邮箱查收邮件，发现了一封老板发来的邮件。

主题：今天

信息：在下班前到我办公室一趟。

就这样，没有别的信息了。

看到这封邮件时你感觉如何？你觉得老板为什么要见你？

或许你曾经就收到过这样的邮件。事实上，大多数人在读到这样的邮件时都会感到焦虑。尽管邮件中没提到什么有用的信息，但是我们还是会觉得自己要倒霉了。

想想公司的现状或是结合过去的所见所闻，我们甚至会认为自己要被开除了——即使这只是胡乱猜测。

事实上，这封邮件的内容相当模糊，既没说是好事，也没说是坏事。我们无从推测与老板的这次见面，结果是好是坏。那么为什么大多数人都会认为结果是坏的呢？

这是因为这封邮件给了我们一种不确定的感觉，而我们的大脑讨厌不确定性。

神经科学揭示了不确定性给大脑带来的种种影响，其中没有一种影响是好的。研究发现，当可感知的不确定性出现时，焦虑和压力也会随之产生。在一项2016年的调查中，研究人员发现压力反应与环境不确定性相一致。也就是说，当你越感到不确定时，你的压力水平就越高。

原因之一是当我们感到不确定时，大脑中的杏仁体就接收到了威胁信息。杏仁体是我们大脑中的警报系统，在我们面对危险时让我们产生害怕的反应，也就是所谓的"战斗或逃跑"（fight or flight）反应。在面对不确定性时大脑做出的反应，与面对真实的生理威胁时其做出的反应是一样的。因此，我们的大脑将不确定性视为痛苦，并极力规避它。

相反，大脑喜欢确定性。事实上，在面对确定性时（比如事情按我们想象中的进行），大脑会感到得到了奖励，就像某种瘾头得到了满足似的。这种愉悦的感受使我们渴望确定性，即使有时候这么做并不是最佳选择。占卜和星座存在的一部分原因就是因为人们对未来确定性的渴望，即使未来是无法被预知的。这只是一个例子，告诉我们一味地追求确定性会让我们在不知不觉中受到伤害。

我们的大脑通常都会在不确定性中加上各种细节，满足我们对确定性的渴望。如果我们不知道故事的全部，我们就会开始自己编造内容。而在添加细节的过程中，我们通常都会做最坏的打算。当收到这封模糊不清的邮件时，我们不会觉得自己要晋升了，而会认为自己有麻烦，要倒霉了。

我们都有过这样的经历。当我们的另一半或是孩子晚上回家迟了，我们就会想他们是不是遇上了车祸或是别的什么麻烦。当孩子的老师发消息说要见一面，你常会认为老师要告诉你些坏消息，让你感觉自己为人父母是多么的失败。当你新交往的对象没有立刻回复消息，你会觉得人家对你不感兴趣。

这种立刻做出最坏假设的反应是因为大脑的逃跑反应起了作用，它试图减少不确定性所带来的痛苦和消极体验。还有研究发现，当不确定性的结果是一件坏事时，我们的感受会更差。当坏事真的发生，处于不确定状态的我们会比做了最坏打算的我们情感波动更大。因此，在面对不确定性时，做最坏打算是为了保护我们自己，从而减少坏事对我们的影响。如果我们做了最坏的打算，而它真的发生了，至少我们有所准备。如果坏事的发生令我们感到措手不及，我们对这段经历的记忆将格外深刻。

总而言之，我们的大脑喜欢确定性，尽力规避不确定性，就像它会规避真实的痛感一样。当我们处于不确定之中，大脑会自动产生像是压力、焦虑、恐惧和担心之类的负面情绪。

因此我们可以说，不确定性会危害一段关系。积极的情绪会巩固关系而负面的情绪会摧毁关系。因此，为了让员工能够与工作建立起稳定健康的关系，你在创造工作体验时应尽量减少不确定性。如果不妥善处理由不确定性产生的负面情绪，它将会对员工与工作的关系产生巨大的危害。

综上所述，我们需要为员工创造更多的确定性。但是要让员工对每件事都有十足的把握可不是明智之举。在这个风云变幻的时代，绝对的确定性是很难保证的。

同样，要将关系中所有的不确定性都排除也是不可能的。关键是我们要尽力做到明确化，在最大程度上消除不确定性。也就是说，对于影响员工工作体验的事，我们要尽力向他们描述清楚。

明确化意味着背景透明，即员工不仅仅知道当下正在发生什么，也能够明白它为什么会发生。当领导告诉员工公司发展的战略规划，并且根据这个规划制订了公司目标时，员工的大脑就感受到了确定性。这也就增加了员工和工作之间的信任度与连贯性。

明确化对一段健康关系是至关重要的。

• 利用绩效计划，达成期望明确化 •

在本节中我们将探讨3个绩效管理步骤的第1步——计划。计划的核心是期望明确化。正如刚刚强调的那样，当事情的发展如我们所料时，我们会感到巨大的确定性。通过创造清晰明确的期望，我们可以减少工作中的不确定性。

绩效计划的一系列步骤和方法明确了员工会拥有什么样的工作体验，为什么会有这样的工作体验及这样的工作体验会带来什么感受，其对应的问题如下：

- 员工对工作体验有什么期望？
- 员工为什么认为这样的工作体验很重要？
- 应该如何达到员工的期望？

然而，计划并不应该仅仅停留在减少不确定性上。它同样也是我们每日努力奋斗的指南，是通往成功的路径图。一份行之有效的计划会告诉员工和经理工作的重点与合作方式，并指导他们的日常工作。

计划这一步骤会在一年中重复进行，关键是要认清我们为什么要制订计划——计划可以让你的目标更具可行性。如果你在度假前没做任何计划，那你可能很难去到自己想去的地方，拥有你想要的体验。正如造房子没有蓝图同样是不可行的。

在接下去的3节中，你将看到绩效计划的核心步骤，每一个核心步骤都会有一个实例供你参考：

- 第1节讨论了期望明确化的理论和实践基础，其中还包括大量有效制定目标的方法。

•第2节告诉你如何明确行动目标，而这一步常被人忽视。

•第3节告诉你该如何将期望明确化与企业宗旨联系起来，让员工对其产生深刻的理解，并找到行动方法，从而使期望明确化的力量最大化。

清楚表达期望和目标

在我刚当上经理的那段时期，我明白了预期明确化的威力是巨大的。我是一个非常看重学习和发展的人，因此我经常会为小组成员组织午餐学习会。我们会将午餐带入会议室，然后一起看一个网络研讨会或是就一篇文章进行讨论。

总的来说，除了一位小组成员惹人注目地缺席我们的讨论，其他小组成员都会参加这个活动。而这位小组成员不参加我们的活动，错失这个学习机会让我感到非常受挫。我认为我已经在小组内传达过学习和成长的重要性了。

但是，我也说了午餐学习会是自愿的。这位员工明显认为午餐的自由时间比我提供的学习机会更重要。这让我感到更受挫了，但我不能因此而责怪她，因为她没有违反规定，也没有违背我的命令。她的所作所为没有任何问题。

后来我才发现，我错误地将自己的受挫感归咎于她，这让我们之间的关系变得紧张。也是后来我才意识到，我并没有明确地向小组成员传达出我的期望。我想要的是员工们利用一切机会学习和成长，因为这是我的信条，然而我却并没有清楚地传达出这个信息。我将学习压力施加给我的小组成员，却从没有跟他们认真沟通过。在沟通之后，我发现人员培训对我来说不再是一个可选项，而是一个必选项，那么员工的学习和培训就必须成为日常工作的一部分，而不能仅在午餐时间进行。

这只是一个小小的例子，告诉你明确化的缺失会让经理和员工两方都产生消极的真相时刻。在这个例子中，我的期望表达出现了两个失误。第一，作为经理，我向员工传递的期望与我真实的期望并不一致。这让我和员工们都感到迷惑，对彼此也感到失望；第二，在向小组成员传递我真实的期望时，我并没有表达清楚。如果小组成员能够清楚地明白我对他们真实的期望，那么我们就能够进一步组织讨论。因此，清楚地传达信息能够立刻消除疑惑和不确定性。

领导能否清晰地表达自己的期望，是员工能否产生积极工作体验的关键。但是，即使我们都明白它的重要性，从古至今却没有人能够很好地完成这项任务。根据我的经验，大多数员工都在一定程度上不明白上司对自己的期望是什么。这就解释了为什么年终绩效考核会让那么多人头疼。期望的不明确会让待评估的员工心里产生高度的不确定性。

◆ 设定期望值的艺术 ◆

说到在工作上的期望，我第一个想到的就是目标和政策。员工希望能够了解职场规则及绩效评估的准则，明白上司对自己的期望，工作完成的标准是什么。通常在了解绩效评估的客观标准之后，行动标准和沟通标准就不会再被人提及，但是后者对绩效影响巨大。清楚地表达期望是消除职场不确定性的最有力的手段之一。同时我们也要牢记，在设定期望时，我们需要让员工感到自己正处在一段健康的关系中。你设定期望的方式与期望本身同等重要。下面我将告诉你3个好方法，确保你的努力会产生积极的影响。

首先检查你自己的期望

1965年，哈佛大学的罗伯特·罗森塔尔（Robert Rosenthal）教授和雷诺尔·雅各布森（Lenore Jacobson）教授做了一项研究，调查了老师的期望对学生成绩的影响。他们告诉小学老师们，根据一个新的智力测验，班里的一些孩子被认定为"更具发展潜力"。而实际上这些孩子只是被随机挑选出来的。这个实验的目的是测试老师对其期望值高的孩子的智力发展水平是否优于那些期望值低的孩子。

实验结果让人大开眼界。那些被随机挑选出来的"更具发展潜力者"在智力测验中得到的平均分数是整个班级平均成绩的两倍多。研究发现，一个人对另一个人的期望（在此例中是老师对学生的期望）会对后者的行为和表现产生巨大的影响。他们将这个现象称为"皮格马利翁效应"（Pygmalion Effect）。

在过去的几十年中，人们将皮格马利翁效应应用到了学生以外的其他年龄段的群体。有人将研究延伸下去，并发现了"高莱姆效应"（Golem Effect），即低期望值很有可能导致被期望者表现水平低下。

我们从这项研究中可以发现，人们会根据别人对自己的期望值高低表现得或好或坏。就领导来说，这意味着我们必须深刻地意识到我们对别人的期望会受自身的信念或是与人交往的经历的影响。除此之外，还受到其他因素的影响，比如偏见也会在不知不觉中影响我们。

例如，我们会理所当然地认为有丰富经验或是更高学历的人会表现得更好，或是公司老员工的想法总是比新员工的先进。就绩效来说，我们通常会受到近因效应（recency effect）的影响，从而更看重员工最近的工作，忽视其过去的成就。

上述的这些观念都会在我们对别人产生期望时起到负面效应。在设定期望时，你需要意识到这些负面因素并且尽力消除它们对你产生的影响。因此，为了提醒我自己，我总结了一条经验：人会根据别人对自己的期望值高低表现得或好或坏，我们应该重视且利用好期望。

听取员工的意见和反馈

在设定期望时,我们的目标是要尽力消除不确定性。由于期望的明确度只能由被期望对象决定,因此我们只能通过他们的反馈和建议来检查期望的有效性。也就是说,员工也应该积极参与期望制定和目标设定的过程。

鼓励员工参与有多个原因。研究发现,当员工参与到目标设定中时,他们会更加努力地完成目标。员工发表意见意味着目标是由经理和员工(或团队)共同制订的,这会让员工产生主人翁意识;而如果在目标的制订过程中将员工排除在外,他们则不会有这种意识。

这个例子说明了第1章中的关系测试是非常有用的。如果你想要在一段私人关系中制订一个目标,你会如何操作?例如,如果你结婚了,你会如何制订家庭中重大的财务目标?我猜你会先和你的另一半谈谈,说说为什么你们需要这个目标。之后你们会就目标的内容达成一致。如果双方的观点没有立刻统一,你们会就分歧进行讨论和协商,直到商量出一个双方都满意的目标。这就是一个合作的过程。

那么为什么不把这种方法用到制订职场的目标和期望中来呢?我承认上下级关系与夫妻关系是有些不同,但总的来说步骤都是相同的:组织对话讨论,明确期望和目标的内容、重要性及实施手段,最终达成一致。

好记性不如烂笔头

这条建议听上去像是句废话,但是根据我的经验,许多优秀的经理都跳过了记笔记这一步。当人人都认为速度优先时,将讨论过的内容用笔记下来经常被人看作是浪费时间。然而,事情却并不是这样。

正如我刚刚所说的,讨论协商工作期望是非常明智的选择,你可以利用谈话这个有力的工具。但是就明确性而言,没有什么比写下来更有效的了。当你将目标和期望写下来时，理解的偏差也就显现出来了。并且，将讨论的内容写下来也会让谈话更加正式。这会让人们对自己所说的话更加负责。多年来我的习惯是将对小组成员的要求写下来，并以身作则。通常我会先提供一份期望草稿，让员工讨论并提出意见。我的员工们会不断地问问题，给我反馈，将草稿中遗漏的部分补充完整。期望清单的数量没有限制，也没有格式要求。我们不断对其改进，直至其达到完美。

这是我与小组成员共同制作的期望清单，可供参考：

- 全力以赴，永不满足。尽力优化工作方法。
- 当你遇到回避不了的难题时，着手处理它。如果你解决不了它，请寻求帮助。寻求帮助也是展现能力的一种方式。
- 敢于冒险，不要害怕犯错并保持勤学好问。
- 有责任心，不找借口。
- 重视沟通。做到心胸开阔、诚实守信、坦白直率，认真对待每一件事。
- 明确工作中的各项任务。如果你对某项工作存疑，请不断提出你的疑问。
- 保持冷静。消息不论好坏都属于过去。
- 用积极的心态对待一切。
- 不记仇。我们没有时间背负仇恨的包袱。
- 时常提出意见，接受反馈。反馈意见是我们的动力之源。
- 边思考边工作。明白工作的重要性和工作的内容。

制定这样一份期望清单并不需要什么魔法。它只是小组成员通力合作的成果。其中的诀窍就是小组成员之间达到相互理解、目标统一。这份清单也明确了我对员工们的期望，我能够为他们做什么及同事间合作的模式。

如果不把这份清单写下来，我们没有办法如此明确地将期望表达出来。开再多的会也无法代替用书面形式将目标和期望记录下来；而且，这个习惯还有诸多好处。研究发现，只是通过简单地将目标写下来，你就会更有冲动去完成它。记录使大脑活动不仅限于右脑（想象、创造），还将负责逻辑思维的左脑也包括了进去，从而促使了整个大脑的活动。这不仅存在于个人层面，在观察了小组运作后，我还发现当一个小组用书面形式明确自己的目标时，小组成员会更加齐心协力，共同完成目标。

而这一切的底线就是记录下你认为重要的东西。

◆ 设定期望的工具和方法 ◆

设定期望的办法有许多，甚至多到我不可能将所有办法一一列出。但是我将告诉你一些我在研究和工作中发现的比较普遍与有趣的方法。在学习这些方法的过程中，请牢记我们的目标是要减少员工与工作关系中的不确定性，让两者关系更加明确。其中重要的还有，你需要找到最适合你的企业和文化的方法及工具组合。

将期望明确化时，最重要的是清楚地定义目标。而目标就是对理想行动结果的清晰表述。就像体育比赛中目标的完成情况，也就是得分的多少决定了队伍是否取得胜利。

S.M.A.R.T. 目标

许多目标制订的技巧都被证实是卓有成效的。其中最普遍的工具之一要属S.M.A.R.T.目标法，它告诉你明确的目标应满足5个标准。

- S-详细的（specific）。目标的意图需要清晰透明，杜绝模糊。
- M-可衡量（measurable）。目标应该明确地让大家知道"我怎么知道我达到目标了？"

- A–可行的（achievable）。在大家付出努力的情况下，目标可以被实现。避免设立过高的目标。
- R–相关性（relevant）。这个目标与下一个目标或远大理想相关。
- T–时间限制（time-bound）。目标需要在规定时间内完成。

在明确目标的过程中，S.M.A.R.T.目标法是非常有用的，因为它提醒我们注意明确化的几个要素。接下来让我们看看一个客户协调员制订目标的例子：

> 模糊的目标：提高客户反馈分数。
>
> S.M.A.R.T.目标：在7月1日之前将每周客户反馈的平均分提高10%。

叙述详细的目标总是优于描述模糊的目标。但是当你仔细观察这两个目标的不同时，你会发现第2个目标消除了工作内容中更多的不确定性。

目标和关键结果法（OKR）

这几年，谷歌公司使用的OKR工作法越来越受欢迎，虽然人们认为该方法的创始人是英特尔的前首席执行官安迪·葛洛夫（Andy Grove）。相较于传统的目标制订，OKR工作法的优势在于鼓励人们追求更大、更有野心的目标。

在OKR工作法指导下的目标会更加宏大艰巨，并充满挑战性，需要人们全力以赴地去完成，但是它并不像S.M.A.R.T.目标法一样要求目标是可衡量的。

还是举上面那个客户协调员的例子，在OKR工作法指导下，他此时的目标就会变成：

- 成为世界一流的客户协调员;
- 每次沟通都让每位客户满意而归。

这两个目标看起来野心勃勃、高不可攀。但据那些使用过OKR工作法的人说,过分宏伟的目标有个好处,就是即使原定目标没有完全被实现,人们所达成的成就也足以令人满意了。谷歌的管理指南规定,完成目标的70%就可以被视为成功。在这里,皮格马利翁效应得到了很好的应用——员工在面对这些目标时,得到的暗示是每个人或团队都能够做出比自己想象中更伟大的成就。

OKR工作法规定了每个目标大概会有3个可用来评估取得成就的关键结果。在完成目标的路上,关键结果是一座座里程碑,标记着工作进度,看起来很像S.M.A.R.T.目标法。沿用上面的例子,客户协调员的关键结果可以是:

- 第一季度使客户反馈分数达到4.25;
- 第二季度使客户反馈分数达到4.5;
- 第三季度使客户反馈分数达到4.75。

当这3个关键结果与上述的"成为世界一流客户协调员"的目标搭配起来之后,该客户协调员就会有一个由OKR工作法为他描绘的年度工作蓝图,而不是单单拥有一个会让他压力巨大的目标。因此将目标和关键结果搭配起来之后,你就会知道该从何处入手,目标才会变得可行。如果你能正确地制定关键结果,那么你或你的小组取得的一系列成就会将你们推向最终目标。

石头和牵引力

> **案例分析　南达科他州立大学的岩石**
>
> 几年前，美国南达科他州立大学设施与服务部的主管们意识到他们需要找到更好的办法来组织近200名员工的工作。由于这个部门需要平衡日常工作，像是保持校园的干净美丽和进行大型合作施工项目，因此确保工作安排的合理性对部门业绩有重大影响。
>
> 于是他们借鉴了基诺·威克曼（Gino Wickman）在《牵引力》（*Traction*）一书中提到的方法。这一方法的重点是利用所谓的"岩石"。"岩石"代表了在接下来的一个阶段必须完成的重要事项（或目标）。部门、主管和员工都有各自的重要事项。
>
> 南达科他州立大学的部门主管们开了许多校外会议来讨论协调下一阶段的"岩石"。每位主管都会在会议上展示自己科室的"岩石"。之后，所有的"岩石"都会被列在房间前面的白板上。在明白了大致局面之后，主管们接下去就会进入"留下它还是杀了它"的步骤，将重要事项分类排列，挨个说明。
>
> 如果事项并没有重要到必须在下个阶段优先完成时，就会被"杀掉"。原因有许多，有可能是因为时间有限，也有可能是因为其他事项更加紧急或更加重要。当一个目标或项目的影响力不足以上升至整个部门的程度时，这些目标或项目就会成为主管的"岩石"。或者它们也可能被搁置在一边，留到将来再处理。
>
> 留下来的"岩石"会被领导小组重新排序。最重要的"岩石"会被排在最顶端。随后，其中一位主管会被任命为重要"岩

> "石"的最终负责人。这个角色非常关键，因为"岩石"的解决可能需要部门内众多工作小组的通力合作（例如回校前的准备），需要有一个人保证每项任务的完成。
>
> 　　之后，"岩石"们会被列在一张计分卡上，使部门上下的人员都能看到它。计分卡每周更新一次，根据进度由红色、黄色和绿色3种颜色标记出来。关系到整个部门的"岩石"和计分卡，意味着部门上下需要对下一阶段的工作重点达成一致。每个员工也同样会与主管商量讨论，明确每个阶段的工作"岩石"。

岩石法、OKR工作法和S.M.A.R.T.目标法是3种用来将目标明确化的方法。而这些方法只是众多实用办法中的一小部分。无论是哪种方法，如果它适合你的企业，并且你可以将之合理利用，那它就是卓有成效的。

下一节中，我们将会探讨如何通过行动期望让工作方法明确化。

> **要点总结**
>
> 　　领导能够清晰地表达自己的期望是员工产生积极工作体验的关键。但即使我们都明白它的重要性，从古至今却很少有人能够很好地完成这项任务。
>
> 　　人会根据别人对自己的期望值高低表现得或好或坏。因此我们需要好好利用期望。
>
> 　　管理者应该与员工合作制订目标，积极组织谈话，接收反馈，这样员工才会更加有主人翁意识，为完成目标更加努力奋斗。
>
> 　　讨论期望时，请写下你认为重要的内容。

> 目标制订的有效方法有很多,包括S.M.A.R.T.目标法、OKR工作法和岩石法等。请找到最适合你的企业的方法,并将其合理利用。这会让你的员工更加明白你对他们的期望。

清楚定义对行为的期望

目标固然重要，但是它只是对员工每日工作期望的一小部分。达成目标的方法有时与目标本身同等重要（或更重要）。

在第一次接触到不受人欢迎的年终绩效考核时，我才意识到这件事情。我进入公司的第一份工作是在一家追债客服公司当招聘经理。这家公司大约有1 000名员工。在这份工作之前，我做过销售，也创过业，那时我都是单打独斗。这些工作经历使我成了一个结果导向的人。做销售时"只要能推销出去，做什么都可以"的思维方式帮助了我很多。没有什么比订单更重要了。

我带着这样的工作方法进入了这家新公司。我的工作是尽快处理公司内招聘工作效率低下的问题，并且成功地解决了这个问题。在我工作的第一年，我带领公司在人员雇佣方面进行了改革。通过拨乱反正，一切都走上了正轨。那时我认为自己非常出色地完成了工作。

之后我收到了自己的绩效考核结果。在看完老板对我工作表现的评价之后，我发现总体评分比我想象的低很多，毕竟我促成的改革成绩是可量化与可见的。老板表示她对我的工作成果十分满意，承认我在这一领域表现出色，但是还有个问题。

作为招聘经理，我属于人事管理小组，但是我完全不在意这点。在我为完成目标全力以赴时，我甚至忘了我还有同伴。而老板觉得这是个问题。后来我听说同事们曾抱怨我不愿意花时间与他们建立关系，也不愿意支持他们的工作。他们认为我在这个位子上待得越久，我的行为给小组带来的麻烦就越多。这让我的老板感到头疼。

也许你会认为从属于一个小组就应该注重团队合作这一点显而易见，但是就那时的我来说，我的工作经验还不能让我意识到这一点。那时我认为我正在做的工作就是公司希望我做的。我在完成工作目标方面确实表现出色，但是显然公司对我还有别的期望，而当我意识到这点时已经迟了。通过绩效考核的结果，我发现老板希望公司员工能够通力合作、相互帮助。她也希望我们能够和谐共处，尽量杜绝之前我给同事们带来的问题。

我对这样的反馈结果非常生气，主要是因为我在真相揭晓之后才明白过来。如果我能够知道公司对我有这样的期望，就算我不喜欢，我起码也有机会适当调整我的行事作风。

这些不明说的期望对员工与工作的关系伤害巨大。如果有一样东西关系到我的绩效评定，起码应该有人事先向我说明白。如果这样的期望并不为员工所知，员工在心里会产生不确定性，而不确定性会危害一段关系的发展。

在上一节中，我向你展示了我为小组制定的行为期望清单。制定清单的方法非常简单：思考并写下我对员工们的期望，向员工展示并寻求他们的反馈，组织讨论，查漏补缺，最后协商通过。就工作小组的层面上来说，不断修改清单内容直至完美这样简单的操作可以使员工迅速明确目标内容。就企业层面上说，由于行为不同于目标，其模糊之处还是会存在。大多数的企业都能够明确地宣布它们的目标，企业上下也都会向这个目标努力。如果企业的目标是在下一年将营业额增加25%，员工们都是可以明白这个目标的。首席执行官可以在员工大会上宣布这个目标，首席财务官则可以通过公布财务结果来让员工知晓目标完成情况。在面对一个如此巨大的目标时，大多数的部门和员工都会知道他们该如何做出自己的贡献。人们也会严肃对待企业目标，并且在企业内部积极宣传。

另一方面，许多公司都会将企业宗旨和价值观印在墙上，或是做成海报悬挂起来，告诉人们这家公司是如何追求梦想的。然而，虽然许多员工都可以将收益目标倒背如流，却很少有人可以将公司的价值观背出来，更别说解释价值观或是说出这些价值观是如何指导员工行动的。然而将行为要求明确地表述出来，将企业价值观与员工的行为举止联系起来会大大提高员工的工作体验。

在这方面表现出色的公司要属美国农业信贷服务公司（FCS America）。这是一家拥有1 700名员工的金融服务组织，主要为美国中西部的农民和农场经营者服务。在过去的10年中，美国农业信贷服务公司通过塑造颇受好评的企业文化和工作体验，使得公司得到了迅速发展。该公司发明了一套"特意创造文化"的方法。它花费大量精力，努力让每个员工都能理解并实践公司文化。

美国农业信贷服务公司用一组"我们是"来传递它的文化。

- 我们是一个团队；
- 我们是领导者；
- 我们是随机应变的；
- 我们是热衷创新的；
- 我们是专业的；
- 我们是价值观的推动者；
- 我们是服务者。

以上每一条都有一整段的文字对其内涵进行详细解释。举个例子，我们来看看"我们是服务者"这一条在美国农业信贷服务公司是如何被定义的：

> 我们是服务者：
>
> 我们的客户——农民和农场经营者——是我们存在的原因。他们也是我们大家庭中的成员。每一天，我们都努力提升自己、改善技术、提高热情，为这些养育着全世界的人服务。

如果你看过全部的"我们是"宣言，你就会清楚地了解该公司的文化，以及在这家公司工作会是什么样的体验。这种明确性是非常重要的，但是美国农业信贷服务公司并不满足于此。它明白为了要让全公司上下都践行这样的企业文化，使之不断深入人心，需要将企业文化转化成具体的行为方式。因此，每一条宣言都被解释成了4条具体的行为期望。

以下是其中的两个例子，告诉你它是怎样将"我们是服务者"转变为对行为的期望的。

> 想他人之所想，急他人之所急。
>
> 不断优化客户体验，积极构建与同事的协作关系（包括为他人消除障碍、解决问题）。

它有力地说出了"我们是服务者"这样的宣言，并且详细地解释了这句话，因此员工可以根据这样的企业文化调整自己的行为举止。它也将这种方式应用到了小组谈话和绩效反馈讨论中。正是因为企业文化的明确化，领导和员工才可以在工作绩效与个人成长的谈话中直击要害。

想要达到如此高的明晰度绝非易事。这需要你投入大量的时间、人力、物力，但是对于美国农业信贷服务公司来说，结果是显而易见的。在过去的13年中，该企业资产增长了300%，净利润增长了400%，人才流失率低。无论从哪方面来说，它的成就都让人震惊。

> **案例分析　从优秀到卓越的行为准则**
>
> Directpath是一家提供福利教育、院校招生私人定制服务的企业，它同时还提供透明化的医疗保健服务。该企业也致力于向员工清晰地解释行为期望。公司领导层在创业初期就明白公司的发展主要依靠员工的工作积极性。企业文化受到领导层的极大重视。他们的努力也得到了丰厚的回报。在过去的5年中，企业利润增长了1 000%，发展势头持续向好。
>
> 随着企业不断发展，他们意识到需要通过详细定义行为期望来进一步塑造企业文化。他们想要确保员工能够明白在为目标奋斗的过程中，什么才是最重要的。因此，他们创造出了一套挖掘4个"潜在因素"的方法，他们相信这些因素是影响Directpath员工绩效的关键。
>
> 4个潜在因素之一的"真实"是这样被定义的：Directpath的工作节奏很快。我们没有时间来处理复杂的人事问题，所以我们需要真实、透明和值得信任的同事。
>
> 这样的定义令人信服，也鼓舞了人心，但是却不够详细，不是非常具有指导意义。真实透明到底是什么样的？这样的定义有多种解释方法。因此，Directpath根据"真实"的定义列出详细的行为指南。事实上，公司上下都喜爱吉姆·柯林斯（Jim Collins）的《从优秀到卓越》（*Good to Great*）一书，

> 因此它决定将行为标准分为两个等级：优秀和卓越。以下就是它对"真实"做的分类。
>
> 优秀：
>
> • 你是非常可靠的。你可以保守秘密，不会在闲聊时将秘密脱口而出；
>
> • 所见即所得。你可以坚守本性，不会因会议不同或谈话对象不同而改变你的个性；
>
> • 你真诚透明，为同事提供他们所需的全部信息，帮助他们完成目标。
>
> 卓越：
>
> • 除了"优秀"所包含的一切要求，还包括以下要求：
>
> • 在工作上你坚持原则，即使有时你会与别人有争论；
>
> • 你可以根据对象调整真实程度，保持真诚但没必要激怒别人。
>
> 以上的这些行为准则，再加上其他的潜在因素，都是员工入职和人员培训的内容。这些潜在因素与其他具体的、量化的目标都是绩效考核的标准。
>
> Directpath 相信它向员工明确传达的期望能够让员工收获积极的工作体验，从而增加客户满意度。将行为期望具体化，并且融入绩效管理系统是支撑企业不断发展的关键步骤。

◆ 员工对组织的期望又如何呢？◆

在谈到期望时，我们的重点都会放在企业或组织对员工的要求上。将这种要求向员工明确化可以让员工调整自己的行为举止，甚至是决定自己是否愿意加入这家公司。

但是我们必须明白，每个员工都是独一无二的个体，对于希望自己被如何对待，他们有自己的期望。每个个体对于工作方式、沟通方式和反馈方式都有不同的喜好。也许大多数人都不知道自己最喜欢哪一种方式，但是如果你问他们的话，他们大都会告诉你他们不喜欢哪些。

在深入了解他们的期望之前，你几乎不可能找到他们最想要被对待的方式。然而，我们通常不会明确和记录下他们的这些期望。我们只是在与他们的互动中不断地试错，慢慢找到较为合适的合作模式。

◆ 性格评估 ◆

解决这个问题的一个办法是对员工进行性格、工作方式和能力的评估。这些评估会让你受益匪浅。首先，评估可以让你知道每个员工的工作方式和行为偏好，因为有时员工自己也意识不到或是无法说清楚自己的喜恶。比如说，评估结果显示你是个急性子，也就是说你没什么耐心。这就解释了为什么长时间的会议或是慢条斯理的对话会让你暴躁不安。

评估还能够促成高效的小组合作。在对你的行为偏好和个性进行客观评估之后，人们会彼此理解对方与自己的不同，这就会化解许多潜在的矛盾，使得小组合作更加融洽。如果你的经理或是同事知道你是个急性子，当你因为花了很长时间做一件事而感到暴躁时，他们会因此理解你。他们也会明白如果想跟你进行有效的一对一谈话，必须直切主题。

另外，如果你知道自己天生是个急性子，你就能更好地预测与人接触时你的表现会如何。如果你需要与一个工作起来不紧不慢的人合作共同完成一个项目，你们俩最好聊聊彼此不同的工作方式，尽量找到能够消除矛盾的方法。

在现在的市场上，评估工具五花八门，数量更是成百上千。比起使用什么样的工具，更重要的是利用工具的方式。鉴于此，我认为重点是你可以通过这些工具让人们知道自己的个人特质和行为偏好。这是员工可以清楚了解并传达自己职场期望的基础。

个人使用手册

近年来，越来越受欢迎的一种方式是人们通过编写使用手册向他人展示自己，从而让对方了解自己，明白自己的工作方式。这个方法确实会让人眼前一亮。当我们遇到生活中几乎所有复杂、难以理解的东西时，比如手机、汽车、家电等，我们都希望能有一本使用手册。一本好的使用手册能让我们迅速上手，知道该如何利用眼前的这个装置或设备。

作为人类，我们比上述的这些东西都要复杂和难以理解得多。单单是这一点就足够让人想要一本使用手册。明确我们的需求、怪癖及喜好之后，别人才能更容易地与我们达成合作，反过来也是一样。亚伦·赫斯特（Aaron Hurst）是目标激活科技公司（Imperative）的首席执行官，是首批采用使用手册的领导之一。当他还是Taproot Foundation[①]主席时，他就编写了自己的使用手册。对此他描述说，他最初写这本使用手册是为了让员工明白他的一些"疯狂"，使得员工与他的合作更加容易。而这本使用手册起了很大的作用。这个方法也非常成功，于是他让每一位员工都编写了自己的使用手册，他甚至还将自己的使用手册放在了领英（LinkedIn）上当作模板供人参考。

使用手册的目的是让别人知道什么才是与你合作的关键，尤其是喜恶这样如果你不说就没人知道的东西。使用手册没有固定的模板或格式。赫斯特认为，你需要在使用手册中回答以下问题：

- 你是个什么样的人？

---

① Taproot Foundation是一家非营利性组织，组织专业人士为其他非营利性组织提供免费的专业服务。——译者注

- 你喜欢什么时候与人接触？接触方式是怎样的？
- 你最重视什么？
- 你喜欢人们用什么样的方式与你交流？
- 你如何做决定？
- 你希望别人能为你做什么？
- 你最不能原谅别人的一点是什么？

这些问题主要还是侧重于领导和管理人员，由于每个人的工作性质不同，这些问题不是非常具有普遍性。你可以择优而取。

你还可以思考以下问题：
- 我最常说的工作漏洞是什么？
- 做什么会让我感到很有价值？
- 人们对我最大的误解是什么？

决定小组成员使用手册内容的最佳办法就是问问你的小组成员们最想知道彼此的什么信息。他们的反馈会帮助你制定出最佳的问题模板，让小组受益最大化。

现在你已经有了模板，接下去就是要让你的员工们编写出自己的使用手册，并在小组内传播开来。根据我的经验，你可以组织一次小组会议，向小组成员布置这个任务，在会上每个人都能听到你的发言并且对此及时提问。之后，你可以让员工们对此独立思考并最终完成使用手册的编写。

如果你的小组成员进行过上面提到的性格评估或是其他类型的评估，那些评估结果将会是非常有价值的参考。在使用手册完成以后，下一步就是交流和讨论。使用手册的目的是让别人知道什么才是与你共同工作的最佳模式，因此交流分享是关键一步。有些小组会组织整个小组的交流会，有些小组会在私下一对一地进行。只要人们本着相互理解、相互合作的精神，无论哪种方法都是可行的。

> **要点总结**
>
> 　　这些不明说的期望对员工与工作的关系伤害巨大。所有跟绩效评估相关的因素都应该被明确地传达给员工。这是员工的期望之一。
>
> 　　你可以有多种方式使行为期望明确化。而仅仅将企业价值观挂在墙上是不够的。价值观通常十分远大而又模糊不清，但是每一条价值观都应该指导员工的具体行为。
>
> 　　行为期望有两部分：领导对员工的期望和员工希望如何被对待的期望。
>
> 　　有两个方法可以将每个员工的工作期望明确化：性格（或是其他行为上的）评估和编写"个人使用手册"。

在期望中加入"为什么"和"怎么样"

绩效计划的另一个要素是让员工知道任务的意义和目的。如果说期望和目标是绩效之路的坐标,那么这一步就是要让你知道开始这趟旅程的原因。

明确了任务的意义和目的之后,你对这个任务的感情会大大不同,甚至对其充满热情。为了见所爱之人而经历的漫长旅程和为了一项你不明白为什么要做的工作而进行的漫长旅程有什么区别?旅程的长度也许相同,但是你的体验和感受却截然不同,而原因只在于旅行的目的不同。

◆ 对企业发展的贡献 ◆

给任务赋予意义有多种方法。人们最常想到的一种方法是将个人任务放进企业目标的版图中。员工积极性调查一直会问这样一个问题:员工认为自己的工作对于整个企业的意义有多大?这个问题本身的意义在于,如果员工知道自己的工作如何对整个企业的发展起作用,他们会感到更有成就感,从而更加全力以赴。无论是什么工作,如果员工觉得自己的工作无关紧要,他们便会开始浑水摸鱼。

虽然这可能是最容易为个人工作赋予意义的方法,但它也是有漏洞的。只有员工对企业发展的目标或是与自己工作相关的上一级目标产生认同感,这种方法才会起作用。就我个人而言,如果我毫不关心企业的大目标,那么我就算理解了我的工作会对这个大目标有何帮助,这也不能给我的工作任务赋予意义。相反,我还会觉得自己的工作简直无聊透顶。

◆ 对社会和世界的贡献 ◆

你还可以通过告诉员工企业目标对世界的贡献,来为员工的工作任务赋予意义。在一个为社会、为世界做贡献的企业中工作,这种感受是非常美妙的。当我的领导这么告诉我时,我觉得我的努力也为这个世界做出了不小的贡献。

汤姆布鞋公司(Toms Shoes)和瓦尔比派克眼镜公司(Warby Parker)的经营模式就是将企业的成功直接具体地与对这个世界的贡献相联系。每当顾客在这两家公司购买商品,公司就会立刻帮助另一个需要帮助的人——如果你买了一双鞋,那么世界上另一个需要鞋子的人也会拥有一双鞋;如果你买了一副眼镜,那么世界上另一个需要眼镜的人也会拥有一副眼镜。无论你在哪里,目标是什么,只要你在这类公司工作,你就会很清楚地知道自己的工作对世界做出的贡献。

但并不是所有企业都适合这样的经营模式。你未必需要通过改变你的经营模式为公司目标升华。有时候,你面对的问题是你需要理解公司能为社会做什么样的贡献,并如何围绕这个贡献进行扩展。比如,我在追债公司工作的那些年,就像你可以想象得到的那样,追债工作实为不易,而且通常吃力不讨好,社会大众也常常对追债人有歧视。

但是这家公司的首席执行官对追债工作的重要性和我们工作方法的正确性深信不疑。他常常和我们交流他的观点,认为追债人是在为经济的健康发展做出贡献。他还相信虽然人们都不愿意与追债人过多交流,但是当我们对债务人以礼相待并帮助他们还清债务时,我们也是在帮助他们改善生活。如果我们能让追债人从这个方面思考他们的工作,这就会大大改变他们的工作方法，也会改变他们对工作的态度。

在上面的这些例子中，在为工作目标赋予意义或是解释为什么要做这项工作时，企业都会从外部找原因，认为员工的工作为社会做出了贡献。这固然是一个非常有效的方法。有些企业还会从员工的层面入手，帮助员工找到工作对于自己的意义。

◆ 个人价值观与企业达成一致 ◆

第1章中提到的金融顾问和分析公司The Motley Fool想要为他们不断壮大的人才队伍创造一种工作体验，让所有员工将工作融进生命——他们想让员工心心念念地来公司上班，永远不想离开公司。为了达到这个目标，他们制定了几项工作原则。首要原则就是员工要带着自己的信仰来工作。

如果你登录The Motley Fool的网站（foolrules.com），你就会看到那份向社会公开、好评不断的员工手册。在手册的开头你会找到企业目标：帮助世界更好地投资。这是一个清楚明白、令人心驰神往的目标。但是继续往下翻，你会发现更有意思的东西。

有一页记录了该公司的几条核心价值观。其中有一条是"多彩（Motley）——找到你自己的梦想！"这条核心价值观代表了该公司对个人核心价值观的尊重。The Motley Fool向员工们明确表示过，公司会像重视自身企业价值观一样重视每位员工的梦想。公司鼓励每一位员工找到自己的梦想，并将工作与自己的梦想相联系，无论你的梦想是建立人际关系网还是不断开拓进取，你都可以通过工作实现梦想。

案例分析　Ansarada 的员工个人价值

　　Ansarada 是一家总部位于澳大利亚的科技公司，这家公司也相信将工作与员工的个人价值观相联系之后会产生巨大的能量。作为一家拥有 200 名员工的科技公司，在其蒸蒸日上的同时，重点是要创造一种能够让员工积极参与，并能让每个人的潜能最大化的企业文化。一开始，Ansarada 的创立者们就认为企业的存在不仅仅是为了盈利。他们想要打造能够促进和激励个人成长与职业发展的职场。

　　为了完成这个目标，他们信奉服务型领导的理念。领导的主要任务是为员工们服务，让他们走向成功。因此，他们必须建立与员工的信任关系，明白对员工来说最重要的是什么。公司发现，当你成功地帮助员工将他们的个人和职业目标与他们最重视的东西联系起来时，员工的潜能就会成倍地爆发。

　　Ansarada 发明了一个办法，经理和员工可以通过这个办法分享 5 个最重要的价值观。公司的人力资源和企业文化经理格拉汉姆·穆迪（Graham Moody）解释说，在员工入职时，一旦经理和员工建立了初步的信任关系，员工会被邀请进行价值观的测试。在测试之前，经理也会和员工分享自己的价值观及这些价值观背后的故事。这一步被称为"领导先行"。"领导先行"在与员工建立信任关系的过程中起了关键作用，同时也向员工展示了这个测试的重要性。

　　这个办法实际上被称为"价值观卡片练习"。员工会拿到一叠卡片，每一张卡片上都有不同的价值观及对价值观的定义。这个办法的第一步是要让员工将这叠卡片分成两堆，一堆是他们认为重要的价值观，一堆是不重要的。之后，他们需要将重要的价值观卡片数量缩减到 10 张。最后将 10 张

> 卡片缩减到5张，这5张就是他们认为最重要的东西。
> 　　这个方法看似简单，但穆迪说这对有些人来说是个巨大的挑战，有些人会对此感到十分痛苦，因为价值观扎根在人们内心中，影响他们对生活的态度。因此公司不会逼迫员工完成这个测试，或是告诉别人测试结果。员工们可以自主决定是否参加测试，也可以自主决定什么时候将自己的测试结果分享出来，供大家讨论。如果员工们不愿意参加测试或是不愿意分享测试结果，那么公司会认为他们仍需加强与员工的信任关系，努力让员工认为测试是安全的。
> 　　Ansarada在对经理们培训时要求他们合理利用这个测试，巩固与员工之间的关系。
> 　　一旦个人的价值观被认可，人们就会有更具体的措施为工作目标和工作体验赋予意义。例如，经理们需要经常询问员工："在你的眼里，我何时在工作中表现优秀？"及"我什么时候在价值观的指导下工作表现欠佳？"公司通常会就这两个问题与员工展开积极讨论，消除员工在工作和价值观之间的差距，以达成广泛一致。Ansarada认为通过这个方法成功地调动了员工的积极性，充分释放了员工的潜能。

　　在谈到如何帮助员工找到工作的意义时，我们可以为员工提供多种方法。每个人都有调动自己积极性的方法，因此为员工提供许多调动机会才是正确有效的。你可以借鉴The Motley Fool和Ansarada的做法——这两家公司认为公司必须明白员工最重视的是什么，才能确保他们重视的东西在工作中得到体现。当公司和员工两方都明白工作的意义之后，达成一致也就是水到渠成的事了。

◆ 为员工的成功提供必要的资源 ◆

绩效计划的最后一个要素是思考为了达成目标你需要什么资源。如果说明确的期望是地图，为工作赋予意义是开始旅程的原因，那么这一步就是为旅程所做的准备，即决定在背包里装点什么。

如果期望明确，那么找到必需的资源就相对容易一些。想要决定绩效之旅必需的资源，最有效和最普遍的方法就是与员工进行一次结构性谈话（structured conversation），就几个关键问题展开讨论。谈话形式可以是员工和经理间一对一的，也可以是小组讨论，这取决于期望的性质。

我们预计会遇到什么困难？

我们先来看看这一路上将会面对的困难有哪些。在制订了一个十分具有挑战性的目标后，你可能会感到有挑战性，原因就在于你预想中会遇到的困难。困难会以各种形式出现，有的大，有的小。举例来说，你会遇到像是排列优先级或是时间不够之类的小问题，也会遇到经济下滑或是政治环境变化之类的大问题。

一旦找到了以后会面临的困难，你就应该思考一下这个困难出现的概率有多大，带来的破坏性有多大。对于那些你认为影响深远的困难，你必须决定该如何处理它们。你能有办法除掉它们或是避免它们吗？如果没办法，你现在该采取什么行动，将这些困难的影响降到最低？

谁的帮助会助你走向成功？

在今天的职场上，几乎没有什么工作是可以完全由个人独立完成的。我们的成功与他人的联系越来越紧密。想要不辜负企业对你的期望，你需要他人的支持，与他人开展合作。在认识了合作对象之后，你可以就最佳合作方式与他人进行一次谈话。如果你发现你在未来会需要某人的帮助，你可以从现在开始就努力与他建立关系，以便在将来获得它们与达成工作目标相联系，从而为员工找到工作的意义。

在明确了要求之后，下一步你需要保证员工或是小组拥有必备的资源。你可以通过结构性谈话来发现潜在的困难、需要学习的东西、缺少的资源及员工需要寻求的帮助，从而缩小差距，解决问题。

UNLOCKING HIGH PERFORMANCE

第 3 章
绩效培育

在乡下长大的人们很早就开始干活了。我的一些邻居和朋友早在十一二岁就开始下地了。在我十几岁的时候,我有了第一份工作——捡石头。这份工作可以算是最简单的了。我只要坐上一辆由拖拉机牵引的拖车,把田地里的石头都捡起来就可以了。这份工作没什么意思,但是在当时,我对能够赚点小钱带回家已经相当满意了。

后来我找到了一份更有趣点的活儿。我记得这份工作叫作"行走的豆子"。那时转基因大豆还没有出现,而除草剂会危害大豆的生长。因此人们需要自己除草。如果任由田里的杂草生长,这些杂草就会吸收大豆的营养,让农民们蒙受巨大的损失。

除草的方法之一是靠人力一棵一棵地把杂草拔除。这在现在听起来有些不可思议,但是当时我们真的拿着锄头和割鸡眼刀(跟弯刀差不多)在田里来来回回,一棵一棵地把杂草给拔除了。这个工作繁重、累人,还无聊透顶。但是人们必须得这么做才能保证每一棵大豆苗都能吸收充足的营养,并在来年获得丰收。

农民们竭尽所能、想方设法地为农作物创造最优生长条件。就像我在第3章中说到的，这一步称为培育。农民们用各种办法培育农作物，促进其生长。除草是其中重要的一步，但是还有很多其他的步骤。农民们根据所种植的农作物对土地做不同的处理，有时会在土里洒上最适合农作物生长的化肥和营养液。根据当地气候和地理位置，农民们还会搭建灌溉系统来保证充足的水源供应。除了除草，他们还必须做好防虫措施，以免害虫毁坏农作物。

田地里的培育就是利用丰富的农作物知识控制变量，为农作物创造最佳生长环境。成功的培育通常意味着在灾害发生前就要采取相应措施，这要求农民不仅要根据农作物的习性来培育，也要求他们观察周边环境和农作物生长的外部条件。

正如我在上文中所提到的，我认为我们可以从农作物的培育中得到启发：为员工创造更有营养、更有成就感的工作体验。虽然人类比农作物要复杂得多，但是就人类发展和农作物成长来说，培育观念和方法是大同小异的。

◆ 培育观 ◆

在意识到培育观念之后，我们可以借鉴农民的几个栽培方法。

了解影响生长的因素。农民总是尽全力了解农作物的情况与影响农作物生长和发育的因素。对公司领导和经理来说，同样应该努力了解人类及影响人类成长和行为的各种因素。在过去的几十年中，心理学、社会学、行为经济学及神经科学都让我们进一步了解了人类的本质和影响工作决策的动机。如果员工的一些基本需求没有得到满足，它们就会对员工工作产生巨大的负面影响。

没有付出便没有收获。由于农民是在培育农作物，他们坚信种子入土必然会长出作物，除非遇到了什么干扰因素。农民从不质疑植物天生就是会生长的。所以,如果农作物停止生长,或是生长速度缓慢,他们就知道一定是某种条件没有得到满足或是遇到了什么阻碍。这种思维方式在人类身上也适用。

如果你有自己的孩子,或者你工作的地方有很多孩子,你就会知道对孩子们来说,成长是在自然中发生的。孩子们对一切事物充满好奇,自发地吸收新知识。学校就是在这个基础上建立的,学校认为孩子就是在不断学习的。在我看来,人们同样也是发自内心地追求工作绩效。我从没遇到过有人宁可失败也不愿意成功。培育观意味着我们对待人类就应该像农民对待农作物一样。员工的成长与成熟也是如此,如果员工个人成长没有得到实现,那么这应该是领导和企业的责任,而非其个人的责任。

管理的工作是为了消除障碍,满足需求,正如农民会满足农作物的一切需求一样。如果土壤缺水而雨水迟迟不来,他们就会灌溉农田,给农作物提供充足的水分。他们从不争论是否"必须"给农作物浇水或是抱怨为什么农作物一定要喝水,而是控制好自己能控制的一切因素,给农作物提供水分。如果他们不浇水,农作物的生长就会受阻,来年的丰收就不会如预期中那样令人满意了。

如果我们想要提高员工的工作表现,我们需要同样的培育观。我们的工作就是要保证每个员工的需求都被满足,从而充分释放他们的潜能。有些员工需要更多的沟通,有些员工需要更多的鼓励和指导。如果想要将绩效最优化,我们应该反思过去员工们"应该需要"什么的观点。一旦员工的需求没有被满足,或是障碍没有被清除,他们就会像农作物缺水一样,导致绩效走向下坡路。而这错不在员工,在我们。

培育是一个持续不断、因地制宜的过程。在农作物生长成熟的过程中,它们的需求也会不断变化。农民需要根据农作物在生命周期中的不同特点调整方法。在秧苗阶段除草是非常重要的，但是在农作物长成后它的重要性就下降了。同样地，职场上的培育观需要企业管理者了解并时刻监控员工的成长和发展。一个刚到公司的新员工的需求肯定与在公司拼搏了5年的老员工不同。要想促进员工成长，培育绩效，我们需要掌握每一位员工需求的变化。这就要求我们时常组织与员工之间的谈话，观测员工的职场动向，从而了解他们的发展，采取相应的措施。

以我的经验判断，大多数的绩效管理系统都缺少了培育这个环节。培育从本质上来说是为了充分释放员工潜能，从而创造出能够满足员工个人与关系需求的工作体验。就像农民耕作一样，培育员工绩效也包含多个方面。绩效培育要素如图3-1所示。

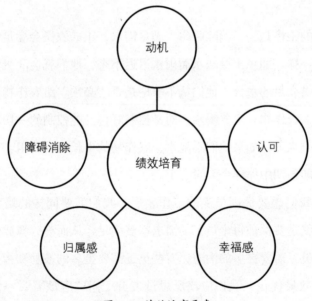

图3-1　绩效培育要素

接下去的几节中我将会谈到培育的几个方面：动机、障碍消除、认可、幸福感和归属感。我将会详细解释为什么这几个方面是重要的，也会介绍企业如何成功地将之付诸实践。

动机

或许动机是绩效管理要素中最复杂的一个。动机是我们做某件事的欲望。如果没有动机，即使你有最清楚的期望，也不会得到预期效果。我们都知道，设立一个像是找到新工作或跑个马拉松这样的目标，但却没有实现它的动力的话，目标其实是非常空洞的。有效的绩效管理要求我们了解人类是如何被驱动的，从而让他们行动起来，实现目标。

心理学发现人有两种动机：内在的和外在的。罗切斯特大学的理查德·瑞恩（Richard Ryan）和爱德华·德西（Edward Deci）定义了这两种动机。

- 内在动机就是"为了内心的满足而做某事，而非为了外在利益。当一个人被内在的想法驱动时，他行动的目的就是享受事件本身的乐趣或挑战，其行为是不受外界监督、压力或奖励而驱动的"。

- 外在动机就是"为了得到事件本身之外的利益而做出的行动"。例如，外部动机可以是工作或项目完成后的经济奖励或晋升机会。

长久以来，企业都会将福利补贴、经济奖励或是其他员工"应得"奖励作为外部动机来调动员工积极性。即使是绩效考核也属于外部动机，因为它自古以来都与奖金挂钩。在第1章我们讨论过的那个历史背景中，这些外部动机可以说是十分有效的。几十年来，管理者们都认为工人是懒惰成性的，因此需要外部刺激促使他们完成工作。在这种观点的指导下，管理者为员工提供外部奖励，使他们完成分内的工作。在那时，内部动机完全不在管理者的考虑范围之内。

近些年来，许多人开始认为维持员工高绩效的关键是帮助他们找到内在动机。当工作能够使员工的内心得到满足，个人价值得到实现时，他们就找到了内在动机。这种动机不同于任何奖励或惩罚。

作家丹尼尔·平克（Daniel Pink）的《驱动力》（*Drive: The surprising truth about what motivates us*）一书描写了外在动机到内在动机的转变，对后世影响深远。平克在对几十年来人们的动机做出研究后，写下了他的发现。

平克的研究发现，人类与外部经济奖励（例如工资水平）和激励性薪酬（例如奖金）之间的关系十分复杂。当人们从事枯燥单调的工作时，如从事传统制造业的工作，这种经济奖励能够非常有效地改善其工作表现。但是如果一份工作需要员工有解决问题的能力和创造性思维（现代经济中的许多工作都要求员工具备这些素质），经济奖励或许会起到反作用。例如，用高额的奖金刺激员工想出更加新颖的点子通常会给员工带来更大的压力。而遏制创造力的企业通常结局都不会太好。

为了更好地了解金钱与动机的关系，我们可以看看心理学家弗雷德里克·赫茨伯格（Frederick Herzberg）在20世纪五六十年代所做的调查。赫茨伯格想要了解员工的态度对工作动机和满意度的影响，于是他采访了一些员工，让他们分别描述工作令人神清气爽和痛苦不堪的时光。

他发现这两种不同经历的产生是由于两种不同因素的存在。在赫茨伯格看来，第一种是动机因素，它会让员工在工作中获得满足感；第二种是保健因素，它会消除员工在工作中的不满情绪。赫茨伯格认为保健因素属于外在因素，包括公司政策、工作条件、薪资水平及工作保障等条件。如果这些条件没有被满足或是没有达到员工理想中的水平，员工就会产生不满情绪；但是当这些条件被满足时，员工却并不一定会充满干劲。动机因素属于内在因素，包括成就感、责任感和认同感等。赫茨伯格认为动机因素是调动员工积极性的关键。

赫茨伯格的理论认为，满足的反面并不是不满，而是员工缺乏满足感。企业管理者需要明白，为员工创造满足感和减少员工的不满情绪实际上是两件事情。在许多情况下，减少不满情绪并不能为员工带来满足感，也不能调动他们的积极性。

赫茨伯格认为工资水平属于保健因素。他认为，当工资水平低下时，它是员工不满情绪的来源，会打击员工的积极性，不利于培育其积极的工作态度；相反，当工资和福利水平满足员工的需求时，员工的不满情绪就会消失，但是员工并不会因此产生满足感或是提高工作积极性。平克也在他的书中反复强调了这个观点。

我们可以从这项研究中发现，薪资确实会影响员工的工作积极性，但是作用方式可能并不是你原先想象中的那样。你需要支付给员工足够的薪水以此减少员工在金钱方面的不满情绪，但是一味提高薪水并不能提高员工的工作积极性。内在动机因素才是释放员工潜能的关键。

◆ 内在动机因素 ◆

在经过调查研究后，平克在他的书中列出了3个最重要的动机因素：精进、自主和意义。肯尼斯·汤玛士（Kenneth Thomas）对这3种因素表示认同，并对此进行了深入研究，后补充了第4种因素：进步。

1. 精进指我们对于不断提升某一方面技能的渴望。精进意味着我们能够在工作中克服困难，不断学习与成长。

2. 自主指我们可以进行自我导向，自主选择工作方式。自主意味着我们可以有选择自己工作方式的自由，将微观管理最小化。

3. 意义指我们的工作对社会有深远的影响。我们可以从多角度探索工作的意义，比如公司的愿景或慈善事业。关键在于员工需要清楚地知道他们工作的意义及其对社会的影响。

4. 进步是指我们想要向着更美好的未来或是个人梦想前进。当我们完成了一项里程碑式的工作，实现了个人成长，或是与小组成员一同抵达了成功的彼岸，我们会觉得自己在不断进步。

回想一下你的职业生涯，你就会发现这些因素出现与消失的时刻。当我第一次在公司工作时，我清楚地记得在一段长达18个月的时间里，我的工作表现一直保持在十分优秀的水平。那时公司领导授权我们进行一个文化品牌塑造的项目，这个项目就像是我的孩子。并且我的老板完全信任我，让我独立领导营销部和宣传部，形成我自己的工作小组（自主）。

在项目过程中，我们不停地摸索新的出路。我感觉那时的我每天都要学习新知识才能确保项目的顺利进行（精进）。这个项目的前景远大，如果项目得以完成，那么我们的员工、潜在员工和客户都会受益匪浅（意义）。同时，由于这个项目是小组合作、共同探索的过程，沿途我们需要不断地向员工和领导们请示，以保证项目方向的正确（进步）。直到今天，当我想起这份工作时，我依然感到充满能量。后来我才发现，这个项目能够让我如此投入的原因就在于它包含了上述4个动机因素。

在观察这些公司的运转方式时，我们很容易就可以发现动机因素蕴含其中。然而很多时候，尽管这些动机因素没有被明确地描述出来，但是它们的重要性仍然不可忽视。

精进

当我在采访The Motley Fool的人事总监李·伯比奇（Lee Burbage）时，他提到公司的信条之一是寻找终生雇员。这听起来有点不可思议。但是后来我才意识到，这正是The Motley Fool在打造员工工作体验时背后的理念——其认为只有非常有意义，能赋予人动力的工作才能留住人才。

因此，The Motley Fool制定了4个核心理念，用来指导工作体验的设计。这些理念告诉我们，为什么它相信人们每天都会充满动力地来上班。

The Motley Fool理念
1. 我们的工作充满意义；
2. 每天都有挑战等着你；
3. 和爱的人一起工作；
4. 自主。

不难发现，The Motely Fool是丹·平克（Dan Pink）的忠实粉丝，相信他的研究成果。因为我们可以看到，除了构建积极的伙伴关系，精进、自主和意义都是该公司理念的核心。

伯比奇还向我们分享了他的公司是如何运作的。该公司对自身当前的运行方式并不满足，认为员工还没有在公司找到最适合自己的职位，都被低估了。这让公司的领导产生了一种紧迫感，不断思考怎样才能改进。这种模式的成功一部分要归功于企业的项目文化——公司领导是敏捷方法（agile method）的倡导者，因此员工会同时参与五六个项目。老项目完成，新项目又开始，因此员工们会不断地面临挑战，有机会不断学习与提升自我，日益精进。

为了创造积极的工作体验，公司还成立了内部教练小组。教练们会与员工展开对话，帮助他们明确个人目标和追求，同时制订计划。而这些教练的职位都是由公司内部员工自愿担任的，目的是帮助企业塑造文化。教练们还在对话中发现员工工作中存在的困难和阻碍，并帮助他们及时克服或是消除这些困难，从而使员工实现自己的目标。

自主

随着科技的发展，人们的工作变得越来越便捷，自主就成了工作中非常重要的一个因素。过去，自主主要指工作是怎样完成的；今天，自主的含义被进一步扩大——员工不仅希望能够在工作方式中获得自主权，也希望能够自主决定工作地点和时间。

SIG是一家员工福利咨询公司，他们利用ROWE法来为员工创造自主。这个管理办法诞生于2003年，是由卡瑞·雷斯勒（Cari Ressler）和乔蒂·汤普森（Jody Thompson）共同创造的。在ROWE法的管理下，只要员工保证完成工作，他们可以自主决定自己的工作地点和工作时间。这种管理办法赋予了员工选择最适合自己的工作方式的权利。

有趣的是，SIG的员工在ROWE法的管理下却更加愿意去公司上班。员工的自主权使得公司努力将办公室变成一个员工爱来的地方，因为员工在办公室工作是出于他们自己的选择，而不是被强迫的。公司的首席执行官理查德·西尔伯斯坦（Richard Silberstein）创造了积极的工作环境，ROWE法的实施更是为此锦上添花。

Hudl公司最近在美国内布拉斯加州的林肯市设立了分部。由于Hudl公司是做体育生意的，其办公室从上到下都充满了体育的氛围，员工们甚至还有自己的储物柜（就像更衣室里的那种，只不过没有难闻的气味）。然而这还不是这个分部为人所知的原因。除此之外，Hudl公司没有规定员工的工作地点，并且希望员工能够自己决定工作地点和工作方式，使得工作效率最大化。

Hudl公司的办公场所中最突出的一点，是它有各种各样的场地供员工选择。Hudl公司的员工没有固定的工作区域，他们只有一个储物柜可以存放自己的物品。每一天，当员工来上班时，他们会找到一个最适合自己当天工作的场所。公司里有些地方摆放着桌椅，供合作讨论；会议室也有大小可选；有像咖啡店那样的地方，也有像运动酒吧那样的地方。这家公司的设计大概已经能够满足员工对办公环境的任何要求。不仅如此，Hudl公司还创造了一种动态的工作场所，你可以在其中找到你需要的那一个办公区。但是如果你不想待在办公室里，你也可以马上离开。

自主慢慢演变成弹性。这在Patke and Associates这家小型会计服务公司身上尤为明显。这家公司的企业文化就是要为员工提供最大的弹性。为了吸引和留住人才，这家公司认为需要弹性的工作安排，创造不同的工作体验。

Patke and Associates公司的大部分员工不用坐班，且遍布在美国的各个角落。和SIG一样，Patke and Associates公司的员工有充分的自由决定自己的工作时间和工作地点。然而，想要实现工作中的弹性仅仅依靠改变公司政策和预期是不够的。而Patke and Associates公司要求员工能够及时对客户的要求做出反馈。有趣的是，为了达到理想的工作弹性，该公司制定了一些规定来保证员工的工作质量和反馈速度。

对于刚入职的员工来说，他们知道自己每周的最低工作时间。他们有自由决定自己的工作时间，但是需要每周对自己的工作做汇报并接受监督（在这个行业中，这是常规做法）。除此之外，他们还需要安排时间及时回复客户和公司的信息。因此最终他们同意在特定的一段时间来回复所有的电话和邮件。同时，公司还有正规的程序来检查员工的工作质量，从而提高其工作成果的可靠度，确保员工不会浑水摸鱼。虽然这种管理方法不一定适合你的企业，但是对这家公司来说却是十分有效的。这家公司的员工们也支持以这段特定的时间，换取他们的自主权。从中我们发现，其实公司可以为员工提供很大的自主权，但是不同的公司有不同的方式。

意义

前文说到工作意义在期望设定时的重要作用。意义可以说是几个内在动机因素中最强大的一个。在我们了解到某个目标会给我们带来怎样的影响时，这个目标的意义就会变得非同小可。因此我们就更有完成这个目标的动力。这就是意义的力量。

> **案例分析　安提斯屋顶公司的寻找意义之旅**
>
> 　　意义可以在各个层面调动我们的工作积极性。查尔斯·安提斯（Charles Antis）的安提斯屋顶公司就证明了这一点。查尔斯是一个善于宣传工作意义的老板。但是据他所说，事情并不会常常按他的计划发展。1989年，他在南加利福尼亚州开始了他的地板生意，在那段创业初期他发现了意义对事业的重要性。
>
> 　　作为一个为了公司能够付出一切的人，查尔斯把每一个给自己打电话的人都变成了自己的客户。一天早晨，电话又响了，电话的另一头是一个女人，希望有人能修修她的屋顶。查尔斯立刻记下了地址并且答应马上过去查看情况。又一个潜在客户出现了。
>
> 　　他到了那个地址后发现，这个房子只能被称作"棚屋"，完全不是他想象中的样子。他的第一个念头就是立刻走人，但是他已经答应了那个女人。因此他敲了敲门。门开了，一阵浓郁的霉味直冲他的鼻子，他又想转身走人。但是，正当他想说自己可能帮不上忙，正要走的时候，一个5岁大的小女孩出现在他身边，笑容明媚，还牵着他的手。小女孩迫不及待地想要让查尔斯看看她的家。因此查尔斯跟着她进了门。
>
> 　　小女孩带着他穿过客厅，又通过一条拥挤的走廊。她想让查尔斯看看她的房间。一踏进她的小卧室，查尔斯发现霉

味更重了。地板上放着 4 张布满霉斑的床垫，小女孩和她的兄弟姐妹们就在上面睡觉。那时，查尔斯看着这个小姑娘和她的妈妈，了解了她们困难的处境。于是他知道自己应该怎么做了——他要帮助她们。

　　随后，他爬上了屋顶开始检查。但是他发现屋顶已经修不好了，需要整个换掉。他想着怎么才能免费为这个家庭换个屋顶，因为他认为这才是正确的做法。由于查尔斯那时还没有自己的员工，在之后的一个周末，他召集了 7 个志愿者一起把屋顶给换了，而屋顶是他捐赠的。这样小姑娘和她的家人就不用再生活在这危险又肮脏的环境中了。正是那个时刻改变了查尔斯的生活和他对事业的看法。虽然那时的他还没有意识到，那是他第一次把人摆在了利益之前。之后这个信念成了他创业的指导原则。他承诺在他的公司里"我们永远不会因为一个人没钱就让他生活在破屋顶之下"。在过去的几十年里，安提斯屋顶公司捐赠了无数个屋顶，提供了无数的免费维修服务，自 2009 年起，该公司为仁爱之家（一个非盈利房屋建造组织）提供所有需要的屋顶。2017 年，该公司捐赠了相当于营业额 5% 的屋顶，又在这一年中让公司营业额上涨 70%。

　　从表面上看，这样一个热衷于奉献社会、帮助他人的公司会让员工充满动力。在有些公司确实也是这样。但是查尔斯发现这一举动却让自己公司里的一些员工失去了工作热情。由于公司的捐赠包括免费更换屋顶和维修服务，公司中实际在做这些工作的员工会为此感到有些不值。捐赠屋顶对于捐赠者来说感觉很好，但是对实际工作组来说，他们的工作负担却更重了。因此，公司中总会有对这些捐赠项目价值的争论。

> 不仅如此，公司的大部分花费都属于外部支出，用于吸引顾客和满足顾客需求。直到后来，查尔斯才发现自己对社会、对客户都过分慷慨，却常常忽视自己的员工。
>
> 他最终意识到虽然他个人一直践行着这个宏大的理念，但是他的员工们并不是很清楚这个理念的内涵。查尔斯吸取教训之后，在公司内部展开了与员工一对一的谈话，从而更好地理解员工的个人价值和工作意义。在听了每个人的故事，了解了对员工来说最重要的东西之后，他和他的小组决定将公司打造成一个既重视企业目标，又重视个人目标的公司。他们与一家寻找工作意义的公司——Imperative公司合作，为员工提供必要的培训和工具，帮助他们发现个人工作中的意义。

安提斯屋顶公司的故事让我们大受启发。它向我们展示了企业的各个层面都可以存在意义，但是只有在员工发现了个人层面的工作意义之后，他们的潜能才能被充分释放。作为一个老板或是经理，你的第一步是要帮助员工找到工作的意义。第2章中Ansarada提倡的个人价值与The Motley Fool的"找到你的梦想"理念都为我们树立了优秀的榜样。一旦员工找到了自身工作的意义或是核心价值，将工作与员工的意义相联系或是让员工充满干劲就简单多了。

进步

进步是第4个内在动机因素。回忆一下在职业处于瓶颈期，或是工作看来毫无进展的时期，我们不难发现这个动机因素的影响力。从心理学上说，进步会让人产生动力和积极的能量。

进步与意义密不可分，因为大多数明显的进步都是在追求工作意义的过程中实现的。这也是为什么将公司的目标和期望与个人的目标和价值联系起来，会让我们更有动力完成目标。下一节我将会讲到责任，并举出很多例子，让你明白为什么通过反馈和评估你会明显感觉到自己在进步。

> **要点总结**
>
> 　　绩效管理中最复杂的因素就是动机。没有动机，即使你拥有最清楚的期望，最终结果也不会是理想的。
>
> 　　动机分为两类：内在的和外在的。自古以来，企业都会重视外部动机因素，如惩罚和奖金。这些动机因素适用于机械单一的工作，不适合需要创造力的工作。
>
> 　　薪水是保健因素。人们需要得到足够的薪水，才会不再考虑钱这个主要因素。但是在这之后能够释放员工潜能的，还要属内在动机。
>
> 　　对员工来说最强大的内在因素是精进、自主、意义和进步。你在考虑每份工作时都可以思考这4个或更多的因素，但是根据职位和工作环境的不同，这几个因素的呈现方式也会不同。

认可和欣赏

人们常常会忽视绩效管理中的一个要素——欣赏。传统的绩效管理只对那些表现超出预期的员工表达认可。虽然奖赏优秀员工这个做法没有问题，但是这意味着绝大多数的员工——工作表现刚好符合预期的那部分人——不会受到任何的积极反馈或欣赏。

2014年，盖洛普的创始人唐·克里夫顿（Don Clifton）和汤姆·雷斯（Tom Rath）共同出版了《你的水桶有多满》（*How Full Is Your Bucket*）一书。书中介绍了解决这个问题的几个简单办法。两位作者经过十几年的调查，采访了几百万员工，发现接近65%的人在过去一年的工作中没有收到积极反馈。虽然这个数据看起来令人有些难以接受，但却真实存在。在我过去所做的调查中，受到重视一直是调动员工积极性的重要因素。大多数企业和管理者也在努力满足员工的这个需求。

大多数人不擅长认可和欣赏别人，特别是大部分的经理和领导。考虑到20世纪"按合同工作"的背景，这也就不难理解了。在按合同工作的模式下，企业会根据绩效给予员工奖励，也会制定相应的奖惩措施来激励员工，因此很少会有企业意识到欣赏员工的重要性。员工完成自己的工作，老板给他们发薪水就算是对他们的认可了。在我刚开始工作的时候，我记得有一位领导的回答淋漓尽致地体现了这样的思维方式。我们建议他对员工多一些认可，他却说："你还想要什么？完成工作以后给你朵小红花？我们已经给你钱了，这就是你的奖励。"希望今天你不会再听到这些话了。但是对许多脑子里装满传统管理理论的经理来说，这种对待认可和欣赏的错误看法还是根深蒂固的。

从古至今，我们都没有重视过欣赏和认可。直到近些年，我们才意识到它们的重要性。虽然大量的员工调查都反映了员工渴望受到重视，但是我们仍然不知道该怎么做。多亏了积极心理学的帮助，我们才可以从事实出发开展讨论，然后发现那个一目了然的结论：每个人都渴望被欣赏。

一些心理学家还发现人们渴望受到重视（社会价值），这不仅仅会激励我们努力工作，还会激励我们在生活的各个方面不断发展。这也就解释了为什么当我们收到他人的认可和欣赏时会感到神采奕奕、精神抖擞，以及为什么当我们的努力和成就被忽视时我们很难再有奋斗的动力。

越来越多的研究都表明，在工作中多使用感谢和欣赏的语句会对个人产生积极的影响。某调查发现，当员工每日的工作体验都是积极的时候，例如收到积极的反馈、齐心协力完成目标，职场就变成了一个个员工休养生息的地方。这些积极的体验可以降低员工的压力水平，保障员工的健康。

欣赏和感恩会让人类处于一个良性循环中。亚当·格兰特（Adam Grant）和弗朗西斯卡·基诺（Francesca Gino）2010年的研究发现，人们在收到感激之后会更具亲社会性。亲社会行为就是为了帮助他人而特意采取的行动，通常是不求回报的。被欣赏的人通常会变得更加慷慨、乐于助人，他们也会收到更多人的感恩。这就形成了一个良性循环。

为了在职场上充分利用欣赏和认可的力量，企业开始了一系列计划，目的在于增加"对等认可"。企业想要鼓励员工面对面地认可同事的工作成果，相互表达感恩。克里夫顿和雷斯在《你的水桶有多满》一书中首次提倡企业使用这个方法，他们鼓励员工在水滴形的卡片上写下赞赏对方的话。这些卡片会在对方的情绪水桶里增加一滴积极的水滴，从而使他们更加积极乐观。现在已经有许多的软件平台能够帮助公司开展这个计划，并将计划逐步升级扩大。

在许多传统管理思维根深蒂固的人看来，这个办法有些矫情，但是我还要告诉你它的另一个好处：感恩的话语对员工的工作体验也有非常积极的影响。研究发现，感恩和工作满意度之间存在联系，也就是说当员工对同事表达感恩之情时，他们也提高了对自身工作的满意度。

神经科学的许多研究证实了这个观点，研究发现感恩之情会激起大脑中的生理反应，减少焦虑、沮丧和压力。同时，感恩之情还会释放多巴胺，多巴胺是大脑中的一种化学物质，是一种正向的神经传导物质，因为它会让我们生气勃勃。多巴胺的释放激励我们重复这样的行为。

总而言之，无论是表达感谢，还是接受感谢，它都会让人积极向上，充满动力。感恩还会形成一个良性循环，让被感激的人继续帮助和欣赏他人。而且表达认可不用非常复杂或正式，它的形式可以很简单。只要它能够为员工制造积极肯定的氛围，让员工感到被尊重、被欣赏就可以了。

在过去的十几年中，我一直在研究积极的职场是怎样的，我发现许多优秀的公司都有一个共同点：它们会将欣赏和感激转化为工作方式。每个企业的运行方式不同，但是目标是相同的：保证员工受到尊重。在这一节中，我会重点介绍一些我观察到的、普遍而有效的做法。

◆ **勇敢表达** ◆

许多企业都将"勇敢表达"作为例会或是小组聚会的一个项目。无论是每月一次的全体会议，还是日常聚会，会议议程上总会有一项是要求员工向他人表达欣赏和感激的。这些表达有两重目的，既使员工表达了感激，又让善意的举动和工作成果被人所知。

行为观察小组（BIT）是伦敦的一家行为科学咨询公司。这家公司对员工表达认可时还会有一个转折，并称之为"哎呀"和"哎呀呀"。该公司每周一都会在总部开一个短会，总结上一周的工作。在会议结束时，人们都有机会分享他们的"哎呀"，也就是对小组成员上一周的工作表达欣赏。转折就是他们还会利用这段时间聊聊他们的"哎呀呀"，比如上一周他们犯的一些错，没有完成的一些工作。"哎呀呀"就是对这些错误和过失的总结。因此，小组才能够将这些失误转变成积极的经验，将失败变成积极的经历，消除那些令人意志消沉的因素。

Wistia是一家业绩蒸蒸日上的视频托管科技公司。每周二该公司都会有1个小时的展示和分享会。员工在会上分享自己引以为傲的工作成就，希望得到别人的反馈。通过这个分享会，员工们有机会使得自己的工作成果得到认可和欣赏。但是在这个会议上，你不能只分享自己的工作，还要认可别人的杰出贡献——会上每个人都要用一页幻灯片来对他人的工作表示认可或感谢。

◆ 认可计划 ◆

除了勇敢表达，有些公司会制订更加系统的计划来鼓励员工间的相互认可和感谢。The Motley Fool的员工［他们称自己为"笨蛋"（Fools）］都有给同事打分的权利，他们会在同事践行了核心价值观或是完成了一项了不起的工作之后给他们打分。他们把这些分数称为"笨蛋的黄金"。得到黄金的员工可以用黄金换奖品、礼品券、旅行及"笨蛋体验"。这些内容都是被写在员工手册里的。

案例分析　湾州医院（Baystate Health）的员工认可

随着技术平台的发展，对等认可在过去的10年间发展越来越普遍，适用范围也越来越广。湾州医院是一家拥有12 000名员工的医疗保健机构，该公司一直致力于挖掘认可的力量，从而改善病人的体验。珍妮弗·福克纳（Jennifer Faulkner）是小组体验活动的副会长，她认为员工的工作积极性和病人的配合度有很强的关联："通常来说，数据显示开心的员工会让病人也开心。"

在仔细分析员工敬业度调查数据之后，他们发现了一件事情：员工没有感到被认可。调查中关于认可的选项得分是最低的，而员工缺乏认可会带来许多严重的影响。

湾州医院知道认可对员工来说非常重要，但是他们更想了解什么样的认可是最重要的。换句话说，他们想知道3个认可来源的重要性分别如何：领导、同事和病人。他们在员工身上展开了一次调查，邀请员工回答这个问题。最后他们发现，所有的认可都是重要的，但是同事间的认可更重要。据员工们说，他们十分看重具体而及时的认可（比如我做了什么，带来了什么影响）。行为发生和受到认可之间相隔的时间越短越好。因此，同事就是这种认可最好的来源。

他们也发现了一件有趣的事，员工们喜欢告诉家人他们在工作中受到了认可。与所爱的人分享这件事会使他们感到这份认可的价值又增加了。

总结了所有调查发现后，他们决定在公司内增加一个社会认可软件平台，这个平台由Globoforce公司开发。员工可以在平台上认可同事的工作表现。这个平台不仅仅让直接的对等认可成为可能，它还让所有人都能看到你受到的认可，使得认可的价值进一步扩大。每一份认可都体现了公司的核心价值观，进一步巩固了公司文化。

当平台分享第一份认可时，珍妮弗和她的团队就感受到了这个平台的力量。以下是一位医生对一个长期以来兢兢业业的场地管理员的认可，她是这么写的：

> 史蒂夫，我知道你为了让医院始终保持最好的状态，日复一日地努力工作。我认为你是湾州医院的无名英雄。当病人、家属和员工来到医院时，他们看到的是完美无瑕的草坪和花坛，这非常有利于我们医院的形象。虽然我从来没有见过你，打听了一圈才知道你的名字，但是一直以来我都想为你的职业操守和努力付出拍手叫好。谢谢你！

虽然过去并没有人阻止这位医生表达自己的认可和欣赏，但是她就是没有这么做过。直到公司开始鼓励员工表达感谢并且引进了这样的机制之后，表达认可和感谢就变得容易了许多，员工也终于开始这么做了。我也能够想象到这段话给双方带来的积极影响。

员工们在利用这个平台后产生了一系列影响，这在员工调查结果上尤为明显。关于认可的选项得分，过去都是最低的，现在却变成最高的了。另外，它发现那些在过去一年中至少受到过一次认可的护士，在下一年中继续留在这家医院工作的倾向是过去的3.5倍。在竞争激烈的医疗保健劳动力市场，这样有效留住人才的办法是令人大开眼界的，也是值得重视的。

• 将欣赏可操作化 •

这些企业的共同点是它们都把欣赏和认可融入自身的工作方式中。它们意识到我们并不是天生就会认可和赞美别人的，但是它们也不会对我们撒手不管。每个企业或是小组都需要努力为员工创造积极向上的时刻，让员工感受到被重视，被欣赏。

对一些企业来说，可能需要从创造更多简单的积极时刻开始，比如简单地说一句谢谢，跟别人击个掌，在走廊相遇时微笑点头，或是说声"早上好"，这些都会产生积极的影响。对此领导和经理必须以身作则，之后才能这样要求员工。而这些举动也会产生连锁反应。

同样地，每一个反馈或是培训也应该包含对他人表示欣赏的评价。例如，在进行一对一谈话时，经理可以将他对员工的欣赏之处列一个清单。这些欣赏并不一定要与具体的目标或是绩效相联系，只要起到正向强化作用就可以了，像是"我很欣赏你上次在小组会议上发表的那个观点"。

在利用像是360度调查这样的对等反馈办法时，你需要保证表达的欣赏要多于批评（在本书的下一节中我会谈到这个问题）。这些办法通常都是用来发现员工自身不足，抓住发展机会的。虽然批评非常重要，但是除非批评能够与表扬相抵消，否则批评很可能会激起员工的抵触，进而降低其工作效率。

我所知的另一个办法是在一个项目完成之后，或是在一个绩效周期之后对员工进行系统总结。当项目结束时，或是绩效周期结束时（一周、一月后），小组成员会聚在一起，对过去的工作表现进行总结，什么是做得很好的，什么是有待改进的。总结中必不可少的一个环节是想象"我们应该感谢谁给予我们的帮助"，这会让小组成员思考谁为小组和个人的成功做出了贡献，从而确保提供了帮助的人得到应有的重视与感谢。有一次，我们给一个开发商送去了一箱他最喜欢的啤酒，作为他帮助我们解决难题的感谢。

要点总结

  人们常常忽视绩效管理的一个要素：欣赏。传统的绩效管理只重视那些表现超出预期的人。但是每个人其实都需要被表扬。

  表达感谢和接受感谢都会产生积极的影响，会让人动力十足。感激还会产生一个良性循环，让被感激的人更愿意帮助和感激他人。

  公司通常都会有正式的规定或是办法来鼓励员工进行勇敢表达，这是一个创造积极、感恩的职场的好方法。

  我们并不是天生就善于向他人表达感激之情。但是员工可以通过使用一个设计优良的对等认可计划，向他人表达感激和欣赏。这会让员工的工作积极性整体上升。

  每个企业或是小组都必须找到自己的办法来为员工创造积极向上的时刻，使员工感到被欣赏，被重视。

幸福感和包容性

早在20世纪80年代，企业就开始普遍实行职场健康计划，最终目的是想让员工身体健康。这个计划的产生出于职场中关于员工的许多需求，例如帮助员工杜绝滥用药物及避免意外事故。

之后有人宣称，如果雇主能够让雇员身体健康的话，他们在医疗保险方面的花销会降低，员工病假会得到缩短，雇佣成本也就降低了。因此职场健康计划进行得更加如火如荼。在我从事上一份人力资源经理的工作时，我非常注重员工的身体健康，想要通过改善员工的健康情况来降低公司未来的花销。

在健康计划得到实施的几年后，数据显示员工的健康情况跟我们的投资不成正比。越来越多的迹象表明健康计划并没有为公司降低实际花销。我们可以为失败找理由，或是讨论能不能找到解决办法，但是我觉得我们没有抓住关键点。

大多数企业还是没有看到健康投资的真正价值。健康计划的影响从来就不是降低风险或运行成本，而是提高绩效。过去只重视身体健康的做法也限制了这些计划的影响力。

回顾我的职业生涯，特别是工作中受阻的那段时间，我发现自己未能充分发挥潜能的原因通常都与工作无关。很多时候，我工作表现差是因为私人生活方面的压力。有时这种压力还会影响到我的身体健康。在我工作的早期，我把人际交往看得很重，因此我常常跟朋友聊到很晚，喝很多酒。天天熬夜导致睡眠不足，这使我无法专注于工作。当然这也导致我的老板无法看到最好的我。

有些时候，我的心理健康也对我造成了影响。我在20多岁的时候加入了所谓的"起步婚姻"①。这个主意真是糟糕透了，因为这样的一段关系总会伴随着大起大落。20个月的婚姻生活毫无稳定可言，而这种家庭的不稳定意味着我的情绪也总是不稳定的。这让我在有些日子中无法集中注意力，时常无法精力充沛地面对工作和同事。

我职业生涯中另一个压力的来源是钱。虽然那时我还处于"一人吃饱，全家不饿"的状态，但是在钱方面我还是有许多考量的。当你不确定下一张支票能否付清你的账单时，你满脑子想的就只有钱了。另外，经济困难会让任何关于工资或补贴的谈话都变得非常危险和私人。

在上述情况下，就算我非常清楚公司对我的期望，需要的资源都唾手可得，工作时也有人向我提供帮助，鼓励我前进，我仍然无法在工作中完全展现自己的水平。由于我私人的各种问题，我无法充分发挥自己的潜能。

企业想要让员工在工作中有出色的表现，就必须明白员工有自己的生活，下班后会面对其他事情，而这些事情会影响他们的工作。有人认为工作和生活是完全分离、互不影响的，这种想法是荒谬的。员工的健康和幸福与他们的工作能力是相关的。员工在生活的方方面面感到越幸福，他们在工作中能够释放的潜能也就越多。

现在许多幸福模型都出现了，它们可以帮助企业和领导者思考如何才能让每个员工在工作与生活中更加幸福快乐。其中最有名的一个幸福模型叫作"盖洛普—共享关怀幸福指数"（Gallup-Sharecare Well-Being Index）。这个模型用5个指标来衡量个人幸福度。

---

① 年轻人带有试验性质并不指望相伴终身的婚姻。——译者注

盖洛普——共享关怀幸福指数

1. 生命意义；
2. 社会环境；
3. 经济条件；
4. 社区邻里；
5. 身体健康。

关于这个模型的详细解释，你可以参考《幸福：5个必备要素》（*Well-Being: The five essential elements*）。我并不是想说这个模型是唯一的，或是最好的（这个模型甚至不是我最喜欢的），而是想要告诉你这个方法与传统的方法有何不同。这个方法也可以让我们重新思考：如何帮助每个员工走上幸福之路。

我的亲身经历告诉我，如果我能够降低压力与困难对我的影响，或是通过更明智的选择避开它们，那就太好了。如果我在选择时再聪明一点，再多做一点准备，或者至少能够控制事件对我的影响，我的幸福指数肯定会上升。如果我的老板在那个时候给予我帮助，让我避开那段糟糕的婚姻或是帮助我解决金钱方面的问题，或许我就可以改善我的生活，从而改善工作表现。

幸福这个概念在传统的管理学中根本不存在，因为在那种观念下工作就是履行一份合同。合同不会规定雇主或经理在生活方面给予员工积极的帮助。那么老板是不是应该帮助员工了解如何拥有一段美好的婚姻或如何以积极的方式解决争吵？如果你愿意的话，我们可以对此展开讨论，但这并不是一个好问题。

事实上关于员工的幸福感，有这么几个重要的问题。帮助员工改善家庭关系会如何影响他们的工作表现？如果不这么做，企业会有什么损失？那些善于培育员工绩效的公司将员工幸福感视为其成功路上必不可少的一个要素，帮助员工在生活的各个方面都变得健康积极，从而充分释放员工的工作潜能，为公司创造价值。

> **案例分析　美国农业信用服务公司**
>
> 　　美国农业信用服务公司（以下简称"美农信"），多次被评为"最佳职场"。人们在选择工作时，也总是将该公司列为首选。公司发展与培训部副部长丽奈特·坎贝尔（Lynette Campbell）将公司的成就归功于首席执行官的一个理念。这位首席执行官在公司工作多年，最近才退休。他常说公司想帮助每一位员工在他们重视的领域成为一个更好的人（比如体贴的伴侣、优秀的家长、明智的领导等）。他相信公司在帮助员工之后，员工会给客户更好的体验。看看公司的发展和扩张，你就知道这个理念很有效果了。
>
> 　　美农信通过为员工提供一系列发展和教育的机会来践行这个理念。公司向员工提供"私人理财""成为更好的倾听者""如何管理压力"等课程。其中甚至还有一门叫作"改变一切"的课程，内容为帮助员工完成生活中重要的事情。丽奈特告诉我，她和她的部门成员常常听到员工反馈说这些课程改变了他们的生活。
>
> 　　美农信还通过改善工作环境来增加员工幸福感。他们重建办公地，为员工设计更加舒适的工作场所，并鼓励团队合作。工作场所是开放的，每个员工都可以沐浴在自然光之下。他们还在楼里养了许多植物，时刻保持工作环境的干净整洁。当有东西损坏时，马上会有人来维修。他们的目的是创造一

> 个能够让人感觉充实，促进团队合作的工作环境。

SIG公司同样也通过提升员工幸福感形成了一流的企业文化。而这都要归功于SIG公司的一个员工志愿者委员会，该委员会负责为员工组织各种活动。委员会甚至还在公司内部宣传他们为争取员工福利而做的努力，并称之为"星火"计划。SIG公司的员工幸福部主任瑞秋·德拉克米勒（Rachel Druckenmiller）解释说，他们觉得"星火"这个词非常适合用来形容他们做出的各种努力，因为"星星之火，可以燎原"。而点燃这束火光就意味着他们帮助员工"点燃了生命之火"。SIG公司也不像过去那样只重视员工的身体健康，他们还看重员工全面的发展，"我们不光想要他们身体健康，我们还想要帮助他们获得生活的动力，与他人建立良好的关系"。

SIG公司规模不大，但是他们为员工提供许多课程计划，希望点燃员工幸福感的星火。课程有小型冥想课、蛋糕装饰课和防身术课。公司还为员工提供早餐。他们会在年度业务压力最大期间为员工提供香薰制作课程，员工做完香薰之后还可以将其带走。公司的目的是想让员工注意休息，多与身边的人交流。幸福委员会每年都会举办城市欢乐时光庆典和寻宝游戏。幸福委员会还会与社会及社区服务委员会合作，举办各种活动，为社会做出贡献。

在SIG公司的员工健康计划中，最有趣、最强大的或许就是这个计划背后的理念。瑞秋在访谈中向我揭露了这个理念：无论组织什么样的活动、进行什么样的计划，公司的目的总是想加强员工之间的联系，加深员工和公司之间的联系。

重视员工的幸福感建设有几点好处。正如上文所说，幸福感关乎员工的工作能力。员工上班时感觉越好，他们就越有可能在工作中发挥自己的潜能。除此之外，这也是加强员工与工作关系建设的一个途径。健康的关系要求人们寻求和保护彼此的幸福。就像美农信那样，关系会影响到两方，也就是说当我们重视员工的幸福时，他们也会更加重视客户的幸福，最终让企业不断发展前进。

◆ 包容性的重要性 ◆

如果让你形容一下你最好的朋友，为什么你喜欢跟他在一起，你可能会告诉我许多原因，比如"跟他在一起时，我能够做我自己"。最好的伙伴就是见证了我们的起起落落，陪伴我们度过春夏秋冬的人。他们接受我们的一切，从不对我们挑刺，也不会想要改变我们。他们爱我们本来的样子，用他们认为最好的方式支持我们。

这意味着想要让员工建立与工作的理想关系，我们必须想办法让员工在工作中有归属感，认同感。找到好朋友不难，因为你的好朋友可能跟你很像。你们或许有很多相似之处，有共同的兴趣爱好。你很容易接受一个你喜欢，并且跟你有许多共同点的人。

而在工作中想建立这样的关系就没那么容易了，员工们千差万别，他们有不同的兴趣爱好，不同的人生经历和文化背景。企业要做的是为员工创造一种工作体验，能够接受员工的多样性，不做好坏之分，不试图改变员工，就像我们与好朋友的亲密关系一样。我们称这种工作体验是具有包容性的。

包容性是培育绩效的关键。每个员工都有其独一无二的观察视角，不同的人生经历和天赋才干。这种独特的视角是员工为公司带来的最宝贵的财富。他们可以从不同的角度审视他们的工作和公司，发现只有他们才能看到的真相。

一般来说，企业都会重视同化而忽视包容。新员工培训就是要告诉人们该如何快速融入公司，但管理者并没有意识到这样的培训会产生副作用：员工会认为公司不提倡个性。公司着装标准要求人们穿着统一，通常会让人们遮住或是改掉对他们身份认同重要的东西，比如独特的穿衣方式，佩戴首饰或是露出文身。在会议上，发言时间最长的人是那些头衔最大，或是在公司工作时间最长的人，其他人只能听着，等着他们被同化到能够有适宜观点的那一天。

虽然这听上去有点愤世嫉俗，但是我承认这些举动都是出自善意的。这从一方面展示了过去管理学认同的，用最容易快速的方法做到产出最大化的理念，但是完全不考虑员工体验。在这种模式下，管理一群行动、穿着和说话方式都被同化了的人，要比管理一群行动方式各异的人简单多了。多样性会带来混乱，不易于管理。

但是为员工创造具有包容性的工作体验有几点好处。在员工与工作的关系层面，当员工感到自己的独特性被接受和理解时，他们会与公司建立更加持久的联系，就像你和好朋友建立的长期友谊一样。当你建立了这样一种关系之后，你是不会轻易放手的。

包容性还会激励员工努力为公司做贡献，从而提高他们的绩效，激发他们的创造力。当员工充满安全感，勇于说出他们身上的不同点时，这些独特的视角会为公司带来前所未有的机遇，这在宣扬同化的公司中是很难见到的。

创造真正具有包容性的工作体验绝非易事。它需要员工和领导持之以恒的努力。它需要系统的计划和机制充分展示与包容员工的多样性。由于同化统一的员工队伍便于管理，这种错误的管理方式是我们在无意之中犯下的。当统一或同化成为标准，员工与工作的关系（以及绩效）会遭到损害。

现在讲述如何创造包容性文化的书数不胜数，所以我也不再向你推荐了。我希望你能够找到适合自己的学习资源。创造包容性的一个方法是采取行动激发员工的多样性，鼓励员工展现出自己独特的一面。当公司学会欣赏特色之后，你会发现人们更愿意在工作中展现自己的独特性。虽然越来越多的公司开始将多样性和包容性作为企业价值观的一部分，但是目标的实现仍需要行动的支持。

例如Wistia公司希望他们的工作场所是一个具有真情实感的、创造力十足的地方。因此他们积极鼓励人们展现自己独特的一面。他们采取的方法是让人们展现自己的兴趣。无论是演奏乐器，还是在新的烧烤架上做饭，公司鼓励员工展现自己的兴趣和天赋，从而鼓励员工全身心地投入工作。有一次，公司的一名员工热爱收看好莱坞的各种颁奖典礼，他创造性地为顾客也举办了一次颁奖典礼。作为一家做视频寄存平台的公司，这一举动让他们瞬间声名鹊起。

有趣的是，虽然美农信身处另一个行业（银行和金融），公司文化也完全不同，他们一样用分享员工兴趣爱好的方法来展现员工的独特性，培养公司的包容性。在公司的午餐时间，他们会鼓励员工分享自己的爱好，并且把它教给同事。这一举动不仅展现了独特性，也让员工之间的联系更加紧密。人们在拥有共同的经历后，就更容易被紧紧地联系在一起，就比如你不太可能会忘记教你"康马里整理法"（konmari method）的那个同事，或是教你怎么系蝴蝶结、怎么包装礼物的那个同事。

员工在工作中展示自己的兴趣爱好并不会影响他们的绩效。这个方法简单，风险低，也让管理者将员工视为完整的人。这个方法还鼓励员工在工作中展现出更多的自己。当他们的这一举动受到鼓励时，他们在未来会对工作更加投入。

亚伯日基金会有一个创造包容性的工作环境，鼓励员工学习和成长的好办法。他们称之为精神食粮。员工们会报名参加在不同的餐馆和不同的同事共进午餐的活动。午餐时他们会讨论一些问题来学习对方领域的知识，同时也更好地了解对方。这个活动之所以有效是因为员工们并不知道他们会和谁一起共进午餐。这是一个盲选活动，所以员工会和意料之外的同事一起吃午饭，而在平时工作中他们可能从来不会和这些同事有交流。

这个方法很像英国国家科技艺术基金会（Nesta）在2013年进行的随机咖啡实验（RCT）。这个实验非常简单：员工自愿加入每周的随机配对，与公司内的另一名员工一起喝个咖啡。RCT和随机午餐活动都有利于关系的构建，让很少有交集的人们坐在一起分享自己独特的观点。除此之外，以下是一些可以让你的团队变得更加有包容性的小诀窍。

•**用个人分享作为团队会议的开场白**。让每一位员工都聊一聊同事不知道的关于自己的趣事。然后，让他们回答一个同样的问题（比如"你最爱看的一部电影是什么？"）。在每一次会议上，你都可以让员工分享一些自己的事，发现其与他人的共同点。

•**在团队讨论制订计划或是做决策时，确保参会的每个人都能发言**。在讨论中，你可以有一两次的起身，绕着会议室走走，问问别人正在想什么，或是在当下什么是他们认为最重要的问题。目的是要让每个人都感到被重视，使每个人的声音都传达出来，无论他们的职位高低、任期长短。

•**每次会议都选一位员工做唱反调的人**。这一举动的目的是让这个人问出一些刁钻的问题，提出反对意见，让团队成员进入思考。每一次唱反调的员工都必须是不同的人，这可以让每个人都有机会。长此以往，团队就会知道该如何提出或是回答刁钻的问题。他们会意识到对团队的绩效来说，反对意见或是与众不同的意见是非常重要而有价值的。

要点总结

大多数公司仍然没有意识到员工健康的重要性。保证员工健康并不是削减企业成本的工具，而是激发员工工作潜能的手段。

重视绩效培育的公司将员工幸福工作视为企业成功的一种方式。他们通过保证员工身体健康，在生活的各个方面称心如意来激发员工的潜能。公司会为员工提供各种资源、课程及环境来改善员工的生活。

除了提高员工的工作能力，注重员工的幸福也是改善你和员工关系的有效手段。因为我们会主动回报帮助我们的人。

为了创造如同亲密关系那样的工作体验，我们必须接受和鼓励多样性，不对员工评头论足，不想着改变他们。这也叫作包容性。

创造包容的工作体验有几点好处。在关系层面，当员工感到公司能够接受和鼓励他们的不同时，他们会与公司建立起长久的联系。包容性还会激励员工为公司做更多贡献，从而提高员工绩效，激发员工创造力。

创造包容性的有效方法是立刻采取行动，欣赏员工的多样性，展现每位员工的独特之处。

消除障碍

在耕作时，如果你不除草除虫，你的作物可能会受到灭顶之灾。即使其他所有条件都很合适，这些野草和害虫也会让你来年丰收的希望毁于一旦。除草除虫的重要性不言而喻。

在培育职场绩效时，也需要及时消除障碍。例如我最近受一位客户委托与他的员工进行了一系列深度焦点访谈。这位客户称员工最近失误不断，士气低下。但是与员工深度访谈之后，我发现了这家企业的许多问题，比如交流不畅、缺乏对员工的重视等。

在这家企业出现的问题与之前其他企业普遍出现的问题惊人的相似。这个问题阻碍员工正常工作，让人筋疲力尽。他们说的这个问题我通常称为"会议死亡"。这家企业的员工每天要花大量的时间来开会，因此他们没有时间来完成工作。他们认为这种会议文化是错误的。会议文化的结果就是员工的工作时间延长，生活和工作失去平衡，每次只能匆匆忙忙完成工作，最终导致绩效下滑。

如你所料，员工一个个都是垂头丧气、怨天尤人的样子，这也就解释了为什么员工士气萎靡，错误百出，甚至许多员工都在崩溃的边缘。他们急需从这个环境里跳出来，但是没有人能改变这个局面。大多数情况下，他们甚至没有取消或是缺席这些会议的动力，虽然这些会议毫无价值。会议变成了这家公司很大的障碍。因此我建议公司领导减少会议数量，并提高会议效率，缩短会议时间。

就像害虫和杂草一样，障碍会对员工体验和绩效产生致命打击。除非你能够消除障碍或是绕过障碍，否则它会阻碍员工的前进，拦住公司的去路。这就是障碍非常危险的原因。即使员工有非常好的动机，且受到企业欣赏，像"会议死亡"这样的障碍还是会阻碍员工绩效的提高，蚕食员工的工作积极性。

◆ 障碍的类型 ◆

障碍的表现形式多种多样。有些事关公司的系统，有些非常私人和细小，比如你在工作时突然发现缺少某件工具或某种资源。就像你在进行房屋改造工程时缺少必备工具一样，这会使你感到非常受挫，不愿意再进行下去。

障碍也可能来自人际关系，比如你跟合作伙伴之间产生的矛盾。在我多年的人事经理工作中，这是我常常要面对的障碍，无论是处理他人之间的矛盾，还是处理他人和自己之间的矛盾。为了解决这些棘手的人事问题，我们有必要改变管理方式，有时还需要改变人事经理的行为模式。但并不是每个经理都喜欢做出改变，有时候他们会墨守成规，公开或非公开地坚持老一套。无论怎样，如果我们不能让这些经理做出改变，事情不会有任何好转。只有解决矛盾，促成合作，绩效才会上升。如果一个障碍对绩效影响巨大却没有得到尽快解决，它将会造成严重的后果。

思维模式也会成为一种障碍。在过去几年中，我遇到的最普遍的例子就是心理学家马丁·塞里格曼（Martin Seligman）所称的"习得性无助"（learned helplessness）。当人们在过去尝试了某件事情并失败了的时候，他们会相信如果他们在未来尝试了同样的一件事情，结果还是失败。因此他们便不再尝试了。这种思维方式会以很多种形式出现，比如一个人经常默默无闻，被人忽视，那他很有可能就不会在会议上发言或是分享自己的看法；又如有人尝试了新鲜事物却没有得到理想的结果，甚至还搞砸了，那他也许就不会再冒这个险了。于是他们学着在这样的环境中接受无助的感觉。然而如果不好好解决这种类型的障碍，它们对绩效来说是非常危险的。解决思维障碍的唯一办法就是提供训练和帮助。而你首先就需要辨别这种障碍是否存在。

◆ 消除障碍 ◆

发现和消除障碍的关键是要与员工就工作体验进行谈话，而且这种谈话必须是长期的。障碍会随时随地出现，但是让障碍无处可躲也有一个简单又普遍的方法：时常与员工进行一对一的谈话。你可以在每次谈话中都问问他们："你现在有什么困难吗？"这个问题会让大大小小的障碍无处遁形。除了问问题，仔细倾听员工的话，找出任何可能是障碍的东西也是非常重要的。在谈论工作时，我们都会感到受挫和压力，这是非常正常的。如果员工们有这种感受，你可以问问他们这种感受产生的原因是什么。这时潜在的障碍就会显露了。

站立会议

企业还有一个消除障碍的办法，那就是让员工的求助通道更加通畅。门罗公司每天会有一个站立会议。这种会议在使用敏捷方法论的软件开发公司内很常见。在门罗公司，参会人员都是站着的，会议时长大约15分钟，全员都必须参加。会议节奏轻快，覆盖所有方面。会议中的一个环节是员工可以提出一个问题，请求帮助。在知道了员工的困难之后，公司会想办法帮助他们解决。并且门罗公司发现，无论员工提出了什么问题，公司内都会有人站出来表示自己具备解决问题的技术、经验或是方法。

员工调查

员工调查是发现公司体系障碍的一个好方法。多亏了技术的发展，我们可以很容易地对员工进行调查，并收集有价值的反馈。员工调查会告诉你障碍通常会出现在哪里，公司还缺少哪方面的资源。调查可以是简单精练的。多问一些创新的、开放性的问题能够帮助你收集到更有价值的意见。

下面是几个例子，可以帮助你发现障碍和难题。

- 如果你是公司的首席执行官，你最想改变公司的一样东西是什么？
- 工作中，你每天遇到的最大障碍是什么？
- 工作中你面临的最大挑战是什么？

调查的目的并不是让你解决每一个员工的投诉，而是找到人人都反映的那个问题，因为这个问题可能会影响许多员工。然后你就应该优先考虑消除这些障碍。如果你决定使用这个调查办法来获得员工的反馈，请注意你必须接受员工的意见，并且让他们确定你已经听到了他们说的每一句话。你可以有多种方法向员工反馈，至少领导和经理们应该向团队成员展示调查结果，并就结果进行讨论。

在发现公司体系中的问题或障碍之后，开会讨论可以帮助团队进一步明白问题的关键所在。例如，如果员工表示会议太多导致他们无法完成工作，对此进行讨论会让人明白哪些会议是阻碍工作，哪些是有利于工作的。

为了让员工知道你的调查是有效的，你要做的不仅仅是公布调查结果，还需要根据员工的反馈采取行动。我并不是说让你解决调查中的每一个问题，而是想让你发现至少一个障碍，并对其采取具体行动。继续用会议来举例子，接下去你应该与团队成员讨论，怎样减少会议带来的负面影响。你们可以讨论以下几个问题：

- 会议的价值是什么？
- 我们该如何让会议变得更加高效？
- 在缩短会议时间上我们应该坚持什么样的原则？
- 什么样的会议应该被取消？

通过团队讨论的方式解决问题并找到最有效的消除障碍的方法，每一位团队成员都会从中产生主人翁意识，更有做好这件事的动力。

调查是发现和消除障碍的一种方法，但你不能只用这一种方法。与你的团队成员进行焦点小组式的谈话也同样有效，尤其是在小团队中。当你在谈话中发现员工的难处和问题时，你可以采用上面说到的方法来对全公司员工进行调查，之后让所有人讨论如何解决问题。

要点总结

在培育绩效的过程中，障碍会带来非常大的负面影响，必须被消除。即使你的员工有非常好的动机，受到公司重视，在工作过程中障碍还是会阻碍绩效的提高，蚕食员工的工作积极性。

障碍会以各种形式出现，包括工具缺乏、人员间的矛盾和思维模式的问题。

为了消除障碍，你首先要做的是确定障碍的存在。最有效的办法，是时常组织一对一的谈话或是查看员工的工作状态。

员工调查也是发现公司体系问题的一个好办法。在做调查时，你必须给出后续回应，告诉员工你听到了他们的反馈，并且采取相应的行动。

UNLOCKING HIGH PERFORMANCE

―――― 第 4 章 ――――
绩效问责

"问责"这个词在人们心中的印象不是很好。每当有人提到这个词，通常意味着有人因为一些过失要受到惩罚了。这个词听起来就是："必须有人为这件事负责！"

或是"你必须为你的行为负责，因为你是造成这个后果的人。"

因此，人们总是在想办法逃避责任，而不是承担责任。于是责任就变成了令人望而生畏的东西。但是在这里我需要和你谈谈我们和责任的关系，以及责任的概念。

问责制发源于法律和商业领域。在法律上，用来形容责任的词都是负责、承担后果或是谴责一类的词。这些词向你描绘了一个场景：你做错了什么事或你没有做到什么事，因此要受到惩罚。

在商业上，这个词通常被用来表示义务。特别是对最高领导人来说，问责意味着领导个人有义务正确管理一家企业。由于这个词代表的是法律意义上的责任，这个词的意义和内涵都透露着法律的气息。正确领导一家企业是你应该做的事，否则你将承担很严重的后果。换句话说，如果你滥用权力，你必须对此负责并且接受处罚。

即使是心理学对"问责"的定义也带有一些惩罚的含义，他们将这个词定义为向他人解释自己的行为。因此大多数职场用到责任一词时，也是在表达这个含义。当工作被视为一纸合同时，让员工履行合同，对自己的行为负责是有道理的。绩效考核和绩效改善计划都是根据"工作至上"这个思维方式来制定的。

如果工作确实是一纸合同的话，那么这样的管理方式无可厚非。但是工作对员工来说是一种关系，我们必须重新审视问责制在这个背景下的意义。

◆ 关系中的责任感 ◆

责任感对于健康关系的建立十分重要。想想你生命中最稳定的关系，它们都是建立在彼此承诺、相互付出的基础上的：你们为对方保守秘密、信守承诺；当对方需要你时，你就会出现；你会尽一切可能让这段关系保持健康。

与法律和商业中的责任不同，这种健康关系中的责任意味着自己应该具备责任感，是一种想要满足对方要求和期待的欲望。这种责任是自己主动想对对方负责，而非对方迫使你对他负责。这不是强加于你的东西，而是你自己主动承担的东西，因为这是你对对方的承诺。为了创造一种能够建立健康关系，释放员工潜能的工作体验，我们必须从合同模式中走出来，不再逼迫他人对某件事负责，而是鼓励员工主动、自愿为自己的行为负责。

为了进一步解释两者的区别，让我们来比较一下我对孩子们的责任和我对妻子的责任。我非常爱他们，愿意为他们的成长、幸福和成功而努力。但是显而易见，我与孩子们的相处方式和与妻子的相处方式是截然不同的。

第 4 章
绩效问责

在创作这本书的时候，我最小的两个孩子分别是8岁和10岁。作为他们的家长，我会爱他们，保护他们，鼓励他们成长并且教育他们。我愿意承担这份责任，想成为最好的父亲，并自觉为我的孩子负责。但是这种责任并不是双方面的。我的孩子们爱我（至少他们是这么对我说的）但是他们并不是主动选择进入这段关系的。他们一出生就在这段关系里，并且人生的前18年必须要跟我生活在一起。因此，他们并不会像我一样对这段关系付出。无论他们做出什么样的选择，他们都需要依靠这段关系，在这段关系中得到一些利益。

在孩子们人生中的这个阶段，他们不会感到自己对这段关系有责任。相反，他们遵循父母制定的规则来成为家庭中的一分子。我们需要做的是迫使孩子遵守这些规则。由于缺少双向的付出，并且孩子们需要依靠我和妻子才能生存下去，这段关系非常像合同关系。这种责任的产生是由于关系中的权力不均导致的。

我与妻子之间的关系就不一样了。我十分感谢她选择了我，选择进入这段关系。在成年人的关系中，我们会为对方付出，这种付出最终会将双方紧密地结合在一起，而这种结合有时会巩固这段关系，有时也会摧毁这段关系。在健康的关系中，对彼此的承诺会让双方有巩固这段关系的内在欲望，双方会保护这段关系免受侵害。当关系中的双方都感到对对方有责任，这段关系就可以蓬勃发展了。

我是后来才学会怎样在一段关系中负责任的。我发现责任体现在日常生活中各种各样的小选择上（有时候也有大选择），虽然这种选择都不是必需的，但是对我妻子来说很重要，所以也算是对我们关系的一种小贡献。责任意味着把地上的东西捡起来放好，而不是视而不见地走过去；意味着在我不想洗碗的时候还是会去洗碗；意味着与妻子聊天，倾听她的话语，即使当下我有一堆想做的事情。

这些事情我都可以不做，但是如果不做的话，我就是在慢慢摧毁我们的关系。如果关系破裂了，那么这就是我的责任了。责任意味着承担起我应有的义务，对所有自身行为产生的后果负责，无论我是有意还是无意的。在刚结婚时我就坚持"老婆开心，家庭幸福"的宗旨。如果我的妻子觉得不开心，我会尽我一切的努力让她开心起来。

随着关系的发展，我学会关注她认为重要的东西，我开始问她我在这段关系中表现如何。我会问"我该做些什么"和"我该怎样成为一名更好的丈夫"。起初这些对话讨论的都是一些非常基本的东西，对我们的关系有立竿见影的效果。年复一年，我们的对话更加深入，我们开始讨论怎样才能帮助彼此实现梦想，找到生命的意义。

我和妻子的关系建立在相互付出的基础上，这让我们觉得必须要对这段关系中我们做出的一切举动负责。由于我和妻子之间并没有权力的高低之分，这段关系是在相互信任、相互帮助的基础上发展的。我们可以随时终止这段关系，但是我们没有这么做，并且愿意为了维持这段关系而继续付出。我们主动选择对彼此负责。

通过谈话我们明确了双方的责任，知道该如何更好地履行义务，我们之间的关系就变得更加牢固了。因此我们会花更少的精力来处理我们之间的关系，转而更专注于学习成长。最后，我们会变成更好的伴侣、更好的家长和更好的人。

◆绩效管理中的问责制◆

想要释放员工潜能，你必须重新定义"问责"一词在绩效管理中的含义。你不能再将这个词视为惩罚、威胁，或是让员工根据合同完成义务的概括，而应该建立一种与员工之间相互帮助的关系，通过定期、开放的交流和反馈明确彼此的义务。

第4章 绩效问责

如今许多公司的绩效管理方式体现的还是我与孩子们的那种关系。即使是关心员工对员工负责的好老板在创造工作体验时也假设员工是没有权力、无法选择的一方。他们为员工制定规则、政策和期望,就像我为孩子们制定规则一样,过程中不需要与孩子做出讨论,因为家长知道怎么做才是最好的。当你发现自己在一段关系中处于强势,关系中的双方不是彼此付出的关系时,你自然而然地会强迫员工对合同上的条款负起责任来。

想要打破这个循环,你必须改变思维模式,重新审视工作中的权力关系。每一个员工都在用自己的方式与工作建立关系。我们必须把员工和公司、领导放在同一平面上,让相互承诺成为可能。我们必须尽一切可能,确保每一位员工都处在健康的关系之中。

无论是私人关系中的责任,还是员工在工作关系中的责任,这些都应该是自然而有效的。这份责任是我们所期待和渴望的。只有明确了彼此的期望,我们才会有动力去满足关系中另一方的需求,我们才会很自然地为对方付出,并想要用一切手段为这段关系的健康发展而投入。

在健康关系中负起责任有以下几种方法:

1. 为了对方的幸福而努力;
2. 不断沟通,明确自己的举动对对方的影响;
3. 对失败负责,从中吸取教训;
4. 用关怀和尊敬的态度快速解决问题。

将责任纳入绩效管理系统就意味着你需要长期坚持上述4种方法。

合理的绩效管理系统应该让双方愿意为彼此付出。企业通过精心设计的计划和方法帮助员工走向成功,以此来展现它的付出。在上几节中我们介绍了两个绩效步骤:计划和培育。它们就是为员工付出的表现。当绩效计划起作用之后,员工会明白公司对他们的要求是什么及评估绩效的标准是什么。绩效培育会让每位员工更有动力，并在完成目标的道路上得到帮助。

◆ 问责制的影响 ◆

绩效管理中的问责应该注重关系中双方所作所为带来的影响，鼓励人们承担错误，吸取教训及快速消除障碍以保护他们的关系。接下去我们会讨论企业该如何分配责任，从而巩固与员工关系的发展。

在3个绩效管理方法中，责任看上去是最令人焦虑的。虽然计划和培育也很困难，你需要为之付出持之以恒的努力，但是让员工明确要求与充满工作的动力并不会让他们感到不开心或是不舒服。

然而责任需要员工面对现实，并回答一些尖锐的问题：我们履行了自己的承诺吗？我们完成别人对我们的要求了吗？当这些问题的回答是否定时，接下去的谈话就会让人非常不舒服了。

责任也让员工必须面对自身行为所带来的后果，无论其是好是坏。当员工出色完成工作的时候，他们会受到奖励，得到晋升的机会；当员工工作不顺利时，他们必须面对自己没有完成预期目标，没有信守承诺的事实。

当员工明确了公司对自己的要求，下一步他们就必须知道该如何完成这些要求。虽然我常说"老婆开心，家庭幸福"，但是想让老婆开心又是另一回事了。为了让妻子开心，我需要随时知道她的心情如何，我的行为是否让她开心。因此我必须时不时地与妻子交流，得到她的反馈。

在职场上也是如此。如果别人希望我成为优秀的合作伙伴，那么他对此评估的唯一方式就是收集同事的反馈。如果同事不告诉我我的行为对他们带来什么影响，我也不会改变自己的行为。如果没有他人的意见

第 4 章 绩效问责

和建议,我也许还觉得自己已经是个非常优秀的合作伙伴了,而我的团队却未必这么认为。我对工作的看法决定了我的行为;如果我得不到外界的反馈,无法修正我的看法,那么我的行为也不会改变。

我们需要依靠持续的外界反馈来判断自己的看法是否正确。同时,我们还需要别人告诉我们,根据期望,我们的哪些行为是好的,哪些地方是有待改进的。如果我想成为一个好的合作伙伴,那么我就必须明白好的合作伙伴是怎么做的,我的哪些行为是符合这个要求的,哪些还有待改进。只有明确了你的行为带来的影响,你才能负起责任。这是绩效管理办法中最难的一步,因为它需要绩效管理中的一个反面词汇:反馈。

接下去的几节我们会讨论履行责任的几个方法。首先要讨论的是反馈,这是绩效管理中最棘手的部分。后两节我会让你从反馈的阴影中走出来。我会先聊聊为什么我们讨厌反馈,总想着绕过它(这很正常),然后看看如何才能解决这个问题。

接着我们会来看看评估标准在绩效管理中的重要性,讨论一下不受欢迎的绩效评估方法。在第4章中,我会说到员工个人反馈和团队反馈意见的重要性,以及公司该如何利用这些反馈。最后,一个科学合理的绩效管理系统应该将绩效问题的影响最小化,我会谈谈该怎么在不给员工带来永久性伤害的情况下解决这些问题。

完善反馈机制

当回想起职业生涯中最动人的那段时光，我发现它们也是我做出巨大成就的那些瞬间：

- 解决了一个复杂的问题；
- 完成了一个大项目；
- 找到了一个新客户。

这些都是我工作的动力。你的清单可能跟我的差不多，也许你的是帮助他人或是受到他人的感谢。

我在工作中感觉最糟糕的时刻都与一件事有关：批评反馈。也许是因为我太敏感了，但是我可以告诉你，有段日子我曾在一个小时之内从一个感到被重视、积极投入工作的人，变成一个垂头丧气、备受打击甚至还有些愤怒的人。我觉得有这种经历的人应该不止我一个。我认识的大多数人在面对建议时也会退缩，因为他们也有过我这样的经历。

直截了当地说，我们都被反馈困住了——无论是提出反馈，还是接受反馈。我们都不善于在不损害关系的前提下给出反馈。

奇怪的是虽然这个技巧对我们的工作和成长来说都非常重要，但是没有人真的去学习这个技巧。根据我的经验，我认为我们在生活中给予反馈的方式并没有比在工作中好多少。大多数情况下我们都不提意见。在我的老家，这甚至是植根在文化中的。从小就有人告诉我"如果你没有什么好听的话要说，就什么也别说"。

就算我们能够理解反馈对我们个人成长和发展的重要性，接受他人的意见还是会让我们的情绪受到波动，甚至产生防备心理。大多数人都会在收到反馈之后与对方开始争论，为自己辩护。在那个当下，我们也许会极具攻击性。这个反应也解释了为什么经理和同事不愿意向你提意见，即使这些意见是出于好意，能够帮助到你。因为向这样的人提意见是很劳心费神的，以至于给予他反馈就像是在浪费时间和精力。这就变成了一个恶性循环。

◆ 为什么我们讨厌反馈？ ◆

为了了解为什么反馈那么困难，我们可以看看心理学和神经科学是怎么说的。我们的大脑天生是用来保护我们的。当我们感受到了威胁，大脑就会产生应激反应。回忆一下之前我提到的在面对危险时我们会产生的"战斗还是逃跑"的反应。最近的神经科学研究发现，我们的大脑在面对社会威胁时的反应和面对生理威胁时的反应是一样的。当注意到来自社会的负面信息，或是受到不公正对待时，我们的大脑都会产生反应，而这种反应与大脑面对生理伤痛时的反应是一样的。这就解释了为什么我们在面对批评时会开始自我防御——特别是当我们认为自己遭受了不公平对待，或其威胁到自己的社会地位时。我们的生理反应会自然而然地躲避伤痛的发生。

心理学等许多研究机构都发现人们（尤其是西方人）通常会高估自己的能力，忽视自己的缺点。这让问题变得更复杂了。造成这个现象的原因有很多。其一，我们会更看重自己擅长的东西，弱化其他东西。在过去的20多年里，盖洛普和其他管理公司宣扬的"基于优势"（strengths-based）的管理哲学让这个现象更加严重。另外，由于我们在一些重要的事情上干得很棒，我们就会认为我们干什么都很棒。

研究还发现，人们不愿意给出高质量的反馈及反馈的类型不一使问题变得更复杂了。由于大家不愿意批评别人，更愿意给出积极正面的评价，因此我们很有可能在环境和周围人的影响下高估自己的能力。你会在自己擅长的领域获得一片好评，但是你很难在自己不擅长的地方得到建议来改进自身。毫无疑问，日复一日，这个循环会让我们盲目自大，忽视那些重要的弱点，从而让我们停滞不前。

达克效应（Dunning-Kruger effect）①是一种认知偏差现象，进一步说明了反馈的重要性和复杂度。这个现象首先是由社会心理学家大卫·邓宁（David Dunning）和贾斯汀·克鲁格（Justin Kruger）发现的。他们发现无知会让人对自己的能力盲目自信。在他们起初的研究中，他们邀请大学生们来完成一个简单的测试，在测试结束时请他们判断一下自己的成绩怎么样。相比较那些得分高的人，那些得分低的人反而过分高估了自己的成绩。

你是不是对为什么反馈让我们这么痛苦感到好奇？大多数人都觉得自己比实际上还要好，对自己的一些缺点视而不见。由于没有有效的反馈，这种想法日益根深蒂固。因此当有人对我们提出批评时，我们很容易就感受到威胁。我们会自然进行防御，激起"战斗或者逃跑"的反应。因此，反馈的效果就大打折扣，或者完全消失了。

那我们应该怎么办？

在我看来，我们很多错误的举动是由两个原因造成的：关系和方法。在接下去的几节中，我会探讨如何借助心理学创造一个更加有效的反馈方法。我们也会看到一些公司的例子。

---

① 指能力欠缺的人在自己考虑不周的决定基础上得出错误结论，但是无法正确认识到自身的不足，辨别自己的错误行为。——译者注

第4章 绩效问责

·使反馈变得有效·

过去人们常常用"三明治法则"来让反馈变得更悦耳一些。如果你在管理岗位上待过一段时间，别人很可能会教你这个方法或是让你使用过这个方法。三明治法则的大意是说批评应该夹在积极的反馈或表扬之间，意图给人们创造正强化来抵消人们对批评产生的抵触情绪。

许多年来，管理培训班都会教你这个方法，但是这个方法并没有效果。最多就是让给予反馈的那个人好受些，但是对于接受反馈的那个人却没有任何帮助。很多情况下，人们在给予积极反馈的表达时总是带着一种虚伪和不真实，这让批评的可信度也大打折扣。

把批评夹在表扬中间并不能消除我们对批评的自然反应。就像把难吃的东西夹在三明治里吃下去，并不会让这样东西变得更好吃。之前我说过，我们对反馈充满防备是因为它对我们来说就像是一个威胁。大脑会认为这是个危险，从而激起反应来保护我们。为了提高反馈的有效性，我们必须想办法让它变得不那么具有威胁性。

在第1章中，我曾告诉你可以用关系测试来让工作体验变得更像一段健康的关系。在让反馈变得更安全，并降低其威胁程度时，这个测试也能帮得上忙。思考一下如果你想要对朋友或者伴侣提出意见，你会怎么做？

方法

和其他人一样，我也不喜欢向亲近的人提意见。但是总有些时候我必须这么做。有时候我的意见可以帮助他们做成某件重要的事情，或是让他们免受伤害。无论在哪种情况下，我对自己说出口的话都非常小心谨慎，我想让我的反馈越安全越好。想想我们是如何和亲近的人对话的，这也许可以告诉你该怎么跟公司中的人提反馈。就像对待重要的人一样对待工作上的每一个人，这样我们或许能明白该如何让反馈变得更人性化。

无论是在生活中，还是在工作中，我认为以下的3种方法对他人提意见时都非常有用。

1. 首先征得同意　批评经常会让人感到威胁，而意料之外的批评更会加重这种感受。重要的是你应该把引起对方惊吓的元素从反馈里拿走。当我们希望别人提出反馈时，我们的心理防御性就不会那么强，因为我们给了对方做出反馈的许可，对此有所准备。当他人没有要求我们给予反馈时，我们要做的就是得到对方的允许。简单来说，询问对方"我能给你些反馈意见吗？"是征得对方许可的方法。根据我过去的经验，这句话可以消除人们的防御反应。

我再告诉你一个更妙的办法。比如"杰森，我觉得你的演讲可以更好。你想听听我的想法吗？"这种征得许可的方式既说明了原因，又表现了你对帮助他人的渴望。

有时候如果我发现我的意见可能有些刺耳，我就会在征得许可时表明：

> 杰森，我知道你工作非常努力，想在今年得到晋升。我想帮助你再升一级，但是我在你最近的工作中发现了一些事情，想跟你聊聊。这些话可能不那么好听。你愿意听听我的见解吗？

在这个过程中，你不仅表明了反馈的意图和重要性，还暗示了话会不好听这个事实。当对方愿意听你的反馈（通常所有人都会），你的这个开场白也会让他们有机会做好准备。他们也可以选择在什么时候，用什么方式接受你的反馈。对方也许会让你过会儿再来，或是用书面的方式告诉他们。无论怎么样，这让接受反馈的人有了控制感，可以减少他们的心理防备。

2. 分享故事　我发现的第2个有效办法就是说一个你自己的小故事。你可以告诉对方在你接受别人的反馈时是怎么样的，你是如何将反馈转化为前进动力的。每当我需要对别人进行反馈时，我都会想想自己的经历，站在对方的角度思考。这不仅会帮助我了解对方的反应和感受，也会让我用自己的经验帮助他们好好利用我的反馈。

幸运的是，我通常是接受反馈的一方。虽然有些反馈太过直接，我没能好好接受。但是在接受反馈时，站在对方的立场上思考能够让我们做出更明智的选择。知道对方也有过类似的经历并且成功地处理了那段经历，能够弱化我们的心理防备。

3. 将反馈当作礼物　当我们想送某人一份礼物时，我们通常会搜肠刮肚地想该送什么。我们会花很多时间和金钱对礼物进行挑选或是亲手制作礼物。当我们将礼物送出手后，便希望对方能够喜欢，并且如我们期望中那样好好利用它。但实际上礼物在送出之后，就不再受我们的掌控了。这些年来，我的孩子们给我好好地上了这一课。无论我认为礼物是多么的不同凡响，或是无论我为了挑选这份礼物花了多少精力，都无法保证孩子们会喜欢这份礼物或是好好利用它。有时他们会喜欢，有时他们把礼物拆开以后就不再管它了，甚至一年后才发现礼物的存在并重新爱上它。曾经我在送礼物方面总是很失败，孩子们都不会玩我送的玩具。在送礼物时，我希望自己的心意能够得到回报，但是事实并不尽如人意。让孩子们玩他们不喜欢的玩具，只会让他们更讨厌这个玩具。最好的礼物总是不求回报的。

你应该用这样的方式对待反馈。像对待礼物一样对待反馈，这意味着虽然你花费了很多时间和精力，但是你应该是不求回报的。这听起来比做起来容易多了，特别是当你向下属提供反馈时。批评意见通常是让你改变行为方式的一种方法。你要记住反馈的目的是让我们意识到自己的行为造成了何种影响。我们需要将这种意识内化从而产生新的想法。这种新的想法才会让我们做出是否改变行为方式的选择。

让对方根据反馈马上行动，不亚于逼一个孩子玩他不感兴趣的玩具。无论是大人还是孩子，没有人喜欢让别人告诉自己该做什么。而当你给予反馈却不求结果时，如何做出选择就是对方的决定了。他们可以立刻行动起来，也可以暂缓一会儿，之后再处理这个反馈，甚至可以不理会这个反馈。决定权在他们手上。

告诉对方你的反馈是个不求结果、不求回报的礼物，这可以减少对方对反馈的防备心理，会让反馈听起来更轻松、更安全——即使反馈本身还是有些刺耳。我这里刚好有个例子，可供你进行参考：

> 杰森，我的反馈也许有些不好听。我向你提意见的目的是想帮助你走向成功。尽管如此，这些也只是我单方面的建议。你可以根据自己的想法选择是否接受，自己决定下一步该怎么做。我并不会要求你根据我的反馈做出什么特定的行动。所有决定权都在于你。我只是想要帮助你。

4. 关系 如果我们利用关系测试，从自己的角度理解反馈，我们也许会受到一些启发。为什么我们会比较容易接受与我们关系稳定的人提出的反馈呢？在过去的15年里，我的妻子一直在我们的婚姻方面向我提出建议。大多数时候，那些建议听起来都不刺耳，我也会立刻行动起来。她提的建议就像这样："亲爱的，我爱你。但是你喝咖啡时发出的声音可能会让我发疯。"

她的方法看起来有些拐弯抹角，但对我们来说，这是一种幽默的方式，也很有效。这是她的方式，我也接收到了她的信息——不要在喝咖啡时发出声音。最重要的是她先说了"我爱你"。我们对彼此的信任依然是牢固的，因为我充分信任她。因为我们都为稳定的关系付出了许多，所以她对我做出的任何反馈都不会产生威胁。这并不意味着在她告诉我，我新买的衬衫一点都不适合我时，我没有一点点抗拒，但是我很快就能放下心理上的戒备。因为我完全相信她是好意的。我从不担心我们的关系会有危险。

这一关系测试所告诉你的事，你可能早已在生活中自己发现了。当一段关系是健康的，建立在信任和奉献的基础之上时，反馈听起来不会像是威胁。相较于三明治法这样的把戏，建立良好的关系更加重要，这样人们才能够更好地接受反馈。

案例分析　门罗公司的反馈午餐

在门罗这样一个软件开发公司，反馈是建立在日常工作之上的。它利用的一个正式方法叫作反馈午餐。通过这个方法，公司可以确保所有员工都能够得到帮助他们成长和发展的反馈意见。这是我在调查中发现的，最能够巩固和建立关系的反馈方式。反馈午餐往往持续1个小时，有5名员工到场进行面对面交流。下面是这个方法的具体细节。

首先，一位员工会发起反馈午餐。接下去他将挑选愿意参加反馈午餐的小组成员（最多5人）。这些人都是最近与这名员工合作过的人，对他的成绩和工作表现非常了解。当小组成立之后，午餐的时间也会被定下来，通常是在几周之后。

> 接下去，发起反馈午餐的人会根据他最近工作的项目写一份总结，也会写一些想要让小组讨论的问题。在午餐日那天，小组成员会齐聚会议室。在接下去的一个小时中，小组成员会给出自己的反馈意见，并展开讨论。反馈意见包括表扬和批评，还有改进意见。发起人可以参与讨论，也可以随时提问。
>
> 在午餐的最后，发起人需要回答一个问题：小组成员应该如何更好地帮助你？这一举动不仅使得发起人有机会向别人求助，还巩固了双方的关系。当会议结束后，每个人就都会回归到日常工作中去。

在第一次听到这个办法时，我对它持保留意见。对大多数人而言，邀请你的同事坐下来向你当面提出建议应该是一件很可怕而且没有意义的事情。从这个角度看，这个方法简直就像废旧的火车皮一样没有价值。因为人们在这样的讨论会上不会想要提出任何批评，即使有人提出意见，我们也很难接受。许多曾经试过这个方法的公司后来都放弃了，因为对它们来说这个方法收效甚微。

那么为什么这个方法在门罗公司就那么有效呢？它的员工都很喜欢这个方法，觉得它很有价值，能够消除他们的戒备和紧张。答案归根结底就是关系。门罗公司的文化建立在一个核心理念上：每位员工的职责是帮助同事获得成功。他们用是否能够帮助对方来衡量自己的成败。这个信仰已经融入企业的基因之中了。这个精心设计、小组访谈式的方法也为那些想要加入该公司的人提供了指导：你的目标是让你边上的那个人通过面试。他们确实是这么干的。对他们来说，进入门罗公司工作意味着这个人有出色的团队合作精神，相较于完成个人成就，他在帮助别人的过程中会收获相同或是更多的快乐。

门罗公司的工作方式反复印证了这个理念，也形成了员工之间相互信任、相互帮助的企业文化。正是这种强大的关系保证了反馈午餐的有效性。在座的每位员工都相信对方是出于好意的。他们是来帮忙的，提出的每一条建议都是为了发起人的利益着想。这种感觉是安全的，这样的反馈是不具威胁性的，所以人们可以充分接受它，并且相信它能够帮助自身成长。

反馈午餐是一个简单而有效的方法。但是这个例子让人震撼的并不是这个方法，而是员工之间强有力的承诺和相互之间的关系。没有这种关系，反馈午餐也是会失败的。

在继续介绍其他的反馈方法之前，你需要记住关系都是第一位的。花时间和精力建立与巩固关系，会让你使用的每一种反馈方式都起作用。关系越健康牢固，你的反馈方法就越能够激励人们做出改变，并促进人们的成长发展。

> **要点总结**
>
> 　　反馈之所以困难是由大脑处理它的方式造成的。当自身的社会地位受到威胁或当受到不公正待遇时，我们的大脑都会做出相应的反应，而这种反应与处理生理疼痛是一样的——大脑想要避免它。这会给我们造成麻烦，因为我们会高估自己的能力，忽视自己的缺点。最终，这会使得大多数的批评都带有社会威胁性或是不公正、不合理的感觉。
>
> 　　我们不善于应对反馈，尤其不善于做到既给出反馈又不伤害关系。
>
> 　　可以使反馈变得更加有效的方法有3种，包括首先征求许可、讲

故事和将反馈当作礼物。

有效反馈的另一个关键是建立健康互信的关系。关系越强，反馈的接受就会越容易，越不会给人带来威胁的感觉。

反馈的新方式

人们不喜欢反馈,还有一个原因就是这个词本身代表的就是过去的信息。批评意味着你要面对辜负他人期望的这个事实。由于这个事实发生在过去,你没办法再改变它。接受这样的事实会让人大受打击,因为它意味着我们没有机会去改变过去的失败。

"你处理那位顾客问题的方式很糟糕。你显得很保守且毫无准备。"这是我们想要回避的反馈类型。因为这种反馈虽然让我们知道自己做错了,但是没有告诉我们该如何弥补。这种反馈只会让我们感到更加迷惑和受挫。如果有人能够在这样的反馈之后做出改变,那应该是运气起了作用而不是反馈本身。

◆前馈◆

在我刚从事人力资源这份工作的时候,曾有机会在一次会议上,听到行政人员教练同时也是畅销书作家马歇尔·戈德史密斯(Marshall Goldsmith)的一席话。他在演讲中说到,他有一种叫作前馈的方法。这个方法很简单。当有人需要你的反馈时,除了批评,你还应该提供一些解决办法,这会帮上很大的忙。这个方法背后的逻辑是没有人喜欢被批评,但是大多数人都愿意接受能够帮助他们解决问题或达成目标的建议。当有人给你建设性的意见时,你会感到温暖,因为这些意见会帮助你前进,而是否接受这些意见的选择权在你手上。这就是前馈的魔力。

举个例子,假设我正拼命地赶在最后期限之前完成工作,那么反馈只会告诉我哪里还没做到,哪里做错了或是哪里做得不够好。相反,前馈会建议我如何用更好的方法快速完成工作,比如使用计划工具来分配工作,或是把截止日期前一日设为我的期限。虽然这些可能不符合我的工作习惯，不是最理想的解决办法，但是我会在接受这些前馈后开始思考如何改变自己而不是自怨自艾。前馈会让我认为，我可以做出改变。

当我第一次听到这个概念的时候，我觉得它很新颖，但是不觉得它有多么厉害。直到10年后，我参加了另一个会议，听到作家马克斯·巴金汉（Marcus Buckingham）介绍一个跟前馈差不多的方法时，我终于领会到了前馈的魅力。起初人们会觉得前馈和反馈差不多，但是对接受的那一方而言，他们给出的反应会有天壤之别。

前馈和反馈的根本差别在于两者指向不同。批评指向过去，关注你做错了什么，事情本来可以怎么发展；前馈指向未来，基于你的表现给出建议。给出前馈或者反馈的那一方并不会感到两者有多大差别，但是接收的一方会有完全不同的感受。

让我们来看看下面这个例子，观察这两种方法的不同。你的小组成员又在一周会议上迟到了，并且连续第二次没有做准备就来了。会议的节奏顿时被打乱，以至于会议对其他参会人员的价值也降低了。很明显，小组内的其他成员都会对此有所不满。这时你提出的反馈就会是：

> 杰森，你必须按时出席会议并且为会议做好充分的准备。但是你已经连续迟到两次了，而且从你的参与度和发言中可以看出，你根本没有做准备。这会影响我们的会议及参加会议的人。下次请你注意这个问题。

反馈很清晰，你对杰森的期望也很明确。如果是你得到了这样的反馈，你应该会明白自己的行为需要改正了。但是，如果你觉得自己已经为会议准备了很多，你其实想要准时出席会议，但是尽了最大努力还是被其他事情耽搁了。换句话说，其实你已经努力了，但是还是失败了，那该怎么办？如果是这样，这样的反馈可能会让你大受打击，而且你也不会知道将来该如何改变。

现在让我们来看看前馈是怎么样的。还是一样的场景，但是你不再关注过去这个人做错了什么，而只是想要提出建议。那么你可以这么说：

> 杰森，你需要准时出席会议，并且为此做好充分准备。对此我可以提供一些我的建议吗？也许它们能够在下一次的会议上帮到你。关于准时出席，我会在会议开始前30分钟就准备起来，这样我就可以看看我的笔记，也有充足的时间到达会议室。也许这个方法也能帮助到你。关于会议准备，你可以在会议前一天空出15~20分钟的时间整理一下你的想法，做些笔记。如果你想整理一下自己的思绪，有一个办法就是问自己几个问题，像是"这周我的两个工作重点是什么？"和"我想要向小组汇报这周的什么工作？"我们的小组需要你准时参加会议，并且积极讨论发言。我希望这些建议可以帮助到你。

这两段话背后的意图都是一样的：希望小组成员准时出席会议和做好充分准备。但是对于接收信息的一方而言，感受就大大不同了。前馈的强大之处在于它基于每个人都想要好好工作的假设。当员工工作出现问题时，它给予的是帮助而不是批评。

前馈是一种指导式思维方式。在运动场上，教练会对运动员使用这个方法，特别是在生死攸关的比赛中。因为错误或失败而批评运动员并不能帮助他们表现得更好。运动员在受到打击之后也很难发挥出色。相反，如果教练给运动员建议和指示，告诉他们怎样在下一场比赛或是下一个赛段提高自己的水平，运动员就能够根据指示做出改变，提高自己的成绩，不断前进。

◆ 对等反馈 ◆

前馈也可以让小组反馈方法更有效。为了进行比较，我们可以来看看360度评估这个反馈方法，想必管理层和领导层都对这个方法特别熟悉。这个方法是想从与某员工工作最紧密的人（比如同事、上司、下属等）的角度来观察该员工工作的全貌。从工作伙伴的角度来观察一个人的工作是非常棒的主意。但是360度评估法也存在问题：设计和执行非常困难。

我曾有过几次被360度评估的经历，但都不是非常愉快。虽然360度评估的手段一直在变，但是过程大致是相同的——我的工作伙伴会得到一份秘密的评估表（但是我不能知道对方是谁及说了什么），来对我本人和我的工作进行评估。通常来说，他们会基于观察，对我的工作技能和行为方式打分。

360度评估也会让我对自己进行评价，从表面上看，这是为了让我意识到事实和想象的差距。和大多数反馈工具一样，这种评估方法一味批评我过去的表现，而不在意我未来的发展。大多数的结果都是以数字或是一些可视化图表的方式呈现的。更糟的是，数据是秘密收集的，所以我没办法对这些结果进行反馈，也没办法提出我的疑问。

老实说，我已经不怎么记得评估的结果了。由于这项方法的缺陷，反馈并不能对我起作用。然而我却不能忘记这个评估给我带来的恐惧和气愤。360度评估让我失去了在工作中的安全感。知道同事正在秘密评价自己很容易让人产生一种被威胁的感觉。你可能会由此感到自己将受到批评，而这种感觉会激起你的负面反应。而且这种反应还会被扩大，因为这些反馈都是来自你最亲近的工作搭档。真正喜欢360度评估的是那些执行它的人；人们并不喜欢批评别人，或是被别人批评。

坦白说，我记得在接受360度评估时，也被问到了一些关于我该如何改正的问题。但是在看到那部分结果之前，我已经感受到了威胁，心里已经树起了围墙，因此我很难接受那些建议。这个方法给我带来的负面情绪，要比刺激我成长与改变的情绪大得多。传统的360度评估漏洞百出。在为员工创造积极的工作体验，让他们与工作建立健康关系的今天，这个方法对企业的打击可以说是致命的，因为360度评估对关系的建立和巩固完全没有帮助。

这并不是说所有的同事反馈都是负面的，也不是说你要完全抛弃反馈。我们只是需要改变这种评估方式。

门罗公司的反馈午餐与360度评估这两者想要达到的结果其实是类似的，但是方法却截然不同。简单来说，反馈午餐的方法这么有效是因为这个方法注重关系的构建。在相互帮助、相互信任的文化背景下，给予和接收反馈都变得更加安全。该方法还让反馈在面对面的情况下进行，因此人们可以结合具体实际来对此进行讨论并提出疑问。我知道人们在面对反馈午餐的时候肯定还是会有些焦虑，特别是刚开始的几次，但是我相信相较于传统的360度评估法，这种焦虑实在是微不足道。

也许你所在公司的文化还不能够接受反馈午餐这样的方法，但是下面的几种方法，可以帮助小组反馈方式变得更安全，更有助于关系的构建和巩固。

提出开放式前馈问题

在调查中，我经常发现企业会用简单的对等反馈方式来替代360度评估，但是两者的目标是相同的：给人们全方位和有益的反馈来鼓励他们发展。在一些案例中，评估只包含了两个开放型问题：一个询问这个人做出了什么杰出成绩，另一个则提出改进意见。例如：

杰森做得最好的地方是什么？

杰森如何才能在未来成为更加有影响力的人？

这些问题是为了强化积极的方面，让人明白过去好的方面在哪里，同时收集建议，改善工作。用这样前馈的方式可以减少评估给人的威胁感，也更容易操作。而该方法的实施前提是员工想要成功，领导对员工现有的表现表示认可，同时为员工未来的发展提供建议。这个方法不太会损害关系，特别是当反馈有处可寻时（你知道是谁做的反馈）。

拒绝保密和匿名

传统的360度评估未能通过关系测试，这其实有好几个原因。最重要的一个原因是任何匿名反馈或是查不到来源的反馈都无益于关系的构建，同时还会动摇关系，因为你不能和一个自己不认识、没见过面的人建立关系。

同时，向在乎的人匿名反馈还违背了互信、互敬和互助的原则。如果我们在意自己与家人、伴侣之间的关系，我们是不会匿名向他们提建议的。匿名反馈反而会造成人们之间的怀疑、防备和猜忌，你绝对不会想让这些情绪出现在重要的关系中。

真正想要创造人性化工作体验的公司，绝对会在反馈时做到透明公开。这样才有利于巩固员工和工作的关系。

当公司发现员工不能或不愿直接向对方反馈，公司应该认为员工存在信任问题或能力问题（或两者都存在），而不是反馈本身的问题。当公司内的关系是健康的，并且在反馈时使用了积极的前馈方式，员工肯定能够直接并且实名向对方提出反馈。

把控制权交给员工

在管理学的历史上，像360度评估和年终绩效评估这类反馈方法都是施加在员工身上的，并不是为了员工的利益，也不需要他们的配合。这些方法忽视员工的意见，也不需要员工参与意见的实施。员工对这些反馈方法没有控制权和话语权，这是让他们感到排斥的又一个原因。

在健康的关系中，人们会相互帮助，产生良性互动。虽然有时候我会为了孩子们的成长和安全制定一些规则，但是我从来不会这样对待妻子。不经讨论和同意就对她制定规则，这会严重伤害我们的关系。相反，我们会一起讨论并制定规则。

在设计反馈方式时，我们必须牢记这一点。为了让对等反馈不那么吓人，让员工亲自设计反馈方式会让他们有控制感。当员工感到自己是参与者时，反馈对他们的威胁程度就降低了。

下面是两个让员工在对等反馈中获得参与感和控制感的方法：

1. **让员工决定对自己进行反馈的人选** 得到反馈的一方最应该有权力决定谁是最适合给出反馈的人。除此之外，邀请他人对自己进行评价，也可以让评价的接受程度更高。

2. **让员工有添加问题和修改问题的权力** 如果员工希望他人可以就自己某一方面的表现给出评价，为什么不让他们提出这方面的问题呢？如果员工自己加的问题不是很好回答，你可以让员工给问题加上具体的情境。比如，他们可以说最近在努力尝试提高自己的沟通技巧，希望大家就这方面给予反馈建议。员工对反馈方式有话语权，可以让他们更好地接受反馈。

案例分析　维斯达印刷公司

维斯达印刷公司（Vistaprint）发现了让员工自己设计评价方式的力量。该公司在业界广受好评，它为客户提供定制化宣传材料的打印和制作服务。这家跨国公司拥有7 000名员工。几年前，公司处于转型期，尝试在软件开发上采用敏捷法，但是技术团队发现传统的绩效管理方式在新环境中已经不起作用了。当越来越多的自主型团队开始成立起来，经理就很难掌控每一位员工的工作表现。因此它需要更直接，与小组联系更紧密的反馈方式。而以经理为中心的传统管理方法是无法做到这一点的。

科琳·福勒（Colleen Fuller）是该公司人事小组的组长，该小组协助公司的技术开发和管理工作。科琳发现了这个情况，用批判的眼光重新审视了公司的绩效管理方式。小组开始收集员工的意见，想了解需要保持和改善的地方分别在哪里。员工一致认为，他们希望公司用一种新方式来管理、发展和奖励他们的工作。

维斯达印刷公司传统的绩效管理方式包括了360度评估，且评估结果会影响员工的年终绩效评估。公司在听取员工意见后，采取的第一步就是让评估方式变得更加随意和开放。它让正式的360度评估成为一个可选项，而非必选项。经理们被告知他们需要与员工进行有意义的谈话。他们仍然可以在收集各方反馈之后，写出一份（条目清晰的）总结作为谈话的准备工作，但是他们可以选择自己喜欢的方式来收集反馈，而不必使用复杂的工具，或是填写一张张表格。因此，有意义的对话开始普及开来，传统的360度评估方式逐渐被人遗弃。

> 接下来，公司也不再要求经理们走完正式的评估流程，包括打分和填表格。它只要求经理每年至少有一次和员工们谈谈他们的工作表现的机会，并给出一些反馈。之后它做了一个员工调查，结果发现在公司取消了这些对经理的正式规定之后，经理对员工的反馈频率并没有被降低。相比之下，传统的反馈方法只会让人感到不快而已。
>
> 最后一步是让经理对员工反馈，转变成员工对员工反馈和团队对员工反馈。这种新的工作方式及给予和接受反馈的方式是人人向往的，因为员工们可以从与自己工作联系最紧密的人身上收集反馈。除此之外，员工所在团队也需要经常对员工做出反馈。因此员工在与经理谈话前，就必须自己收集和整理反馈。
>
> 科琳认为这种方法可以让员工感觉反馈是安全的。面对面的反馈可以让员工明白反馈产生的背景，明确问题所在，同时寻求帮助。小组成员也会对他们的成绩提出表扬。这个反馈方法让经理成了教练而不是评委。在员工与经理交流反馈之前，他们已经对反馈做了整理，总结自己需要改进的地方。这种反馈方式重视的是员工的学习成长，而不是评价他们的行为是否符合预期。在新办法实行1周年之际，员工的工作表现都非常稳定，公司上下对这个方法也一致提出好评。员工尤其喜欢这种自己有掌控感的评估方式。

◆ 培养接受反馈的能力 ◆

虽然我已经说了那么多种减少反馈威胁性，让它变得更有效的方法，但是你还是不能保证每个人都能正确地使用它。有些人天生直率或是就爱批评人。无论是什么样的员工，他们都会在向他人反馈时宣泄自己的不满情绪。消除反馈带来的负面情绪几乎是不可能的。

因此，虽然帮助员工学会有效反馈的方法和参与设计反馈的方式非常重要，可以使反馈更加有效，但是仅仅这样是不够的。人们必须掌握接受反馈的方法，培育正确的思维方式，特别是在面对表述方式不恰当的批评时。

这是我多年前领悟到的惨痛教训。那时我在一家公司担任人才管理小组的组长。我们花了几个月的时间设计了一个新的以能力为导向的评估方法，来帮助公司员工获得进步。首先经理会对下属员工进行评估，员工也会进行自评，他们会讨论和比较评估结果。之后经理会和其他部门的经理及管理人员开一个校准会议，在会上所有人会比较自己的评估结果和组内员工自评结果。会后，经理会将讨论结果带到小组内，对之前小组内的讨论进行补充。所有的反馈都是为了让员工找到正确的职业道路，并且不断向前发展。

由于在当时这还是个新办法，我们认为这个办法对公司发展有战略性的帮助，所以我们决定让公司高层首先尝试这个新办法。也就是说如果你的上级是领导团队中的一员，那你就得身先士卒了。这事也包括我自己——我即将受到自己设计的方法的评估，对此我感到非常激动。

第一步是领导评估和自我评价，这一步还算顺利。之后领导们聚在一起开校准会议。校准会议后，领导们根据会上的发言向下属传达反馈。我就处在某个下属团队中。在设计时，我们假设的是公司领导和董事们工作经验丰富，已经具备了处理给予反馈、接受反馈和整理反馈的技巧，但是我们大错特错。

我还清晰地记得校准会议后上司对我反馈的那天。我记不清反馈的内容是什么了，但是我清楚地记得我当时的感受。那天，我自信满满地走进会议室。我完成了公司对我的期望，我相信公司会认为我是下一届领导班子的人选之一。在比较自评和领导评价之前，我和我的上司观点非常一致，比较的结果也是如我所料。

但是我的乐观和自信很快就消失了。我的上司在桌子上放了一张清单。清单上大约有10个她在会议上记录下的同事对我的反馈。她没有告诉我这些反馈出现的背景，也没有跟我讨论，就直接开始一条条地读了下去。很明显她也感觉不舒服。每条反馈意见都是批评，提醒我改正一些行为或是提高某方面的能力。每一条批评都像一把利剑刺进我的心里。在读到一半时，我打断了她，问她单子上有没有对我的积极评价。她说没有，然后又继续读了下去。在她读完之后，我心乱如麻。我对此感到完全迷惑，也很生气，于是就连我自己的心里也竖起了防御的围墙。

后来我离开了会议室，回到了家。第二天早上，我的情绪还是很糟糕，所以打电话请了病假。我知道第二天如果我去上班，一定会说出让自己后悔的话，所以我给自己放了一天假，让自己平静一下。我需要时间处理这些意见和批评，我现在将它们称为"你糟透了"清单。

现在回想起来，我觉得自己当时的反应非常不好。我真希望我那时没有表现得那么抗拒。我希望我的情绪能够平静一些。但是我从没有过这样的经历，我也不是唯一一个经历过这些的人。我的许多同事都参加了那个满是批评的会议，大家的反应各有不同，但是没有人是积极的。

在我平静下来以后，我们发现这个评价方法在设计上有一个大错。这个方法能够成功的关键在于接受反馈的人能够将反馈变成未来的发展计划。我们在收集反馈方面做得很好，但是在将反馈变成学习和工作的动力时却失败了。在改进评估方法的过程中，我的亲身经历为此提供了很好的参考。

首先，我们需要告诉培训经理和董事如何更有效地做出反馈。在我的例子中，我的上司没有告诉我，当她在会上对我现在的工作做出评价时，那些认同的评价受到了大家普遍的认可。之后在她把我当成继承人人选的时候，董事们对我提出了一些改进意见。这个背景完全改变了反馈对我的意义。我发现自己并不是很糟糕，只是在迈向职业生涯的下一步之前还有很多工作要做。这是我的上司第一次像这样对员工反馈，她也承认她做得不好。如果经过培训，她应该能够知道如何才能让会议更加有效。我也明白了永远不要假设某个人具备某种技能（或是总的管理能力），无论他工作的时间有多长，职位有多高。

我对这种情况的处理办法也不是很高明。我在完全无准备的情况下被重击，不知所措。我在过去也接受过批评，但是没有一种情况是像这样的。我在这种情况下束手无策，也无法控制我的情绪。如果我知道处理每种反馈的方法，具有正确的思维方式，那么别人对我反馈的方式就不会那么重要了。

之后，我们开始对经理进行培训，告诉他们如何更好地给出反馈。但是我们做的更重要的一步是教员工如何接受反馈。我们相信如果员工具有接受反馈和将反馈变成经验的技巧，无论反馈的方式如何，员工都会得到进步。一旦我们做到这一步，评估方法就能达到预期的效果：促进员工学习成长，增加员工工作动力，而非产生怨恨和抗拒。

为了让你知道如何更有效地接受反馈，下面是我提供的一些经验：

1. 如果你不喜欢反馈，这是很正常的　我们都不喜欢反馈。即使我们说着喜欢，我们并不是在说喜欢被批评，而是在说喜欢批评之后出现的可以改进和发展的机会。在本章中，我说了很多反馈会让我们不开心的原因。这都是很正常的，我们应该有所准备。我们不应该对自己的反应感到惊讶。我们可以学着把这些情绪当作反馈的一部分。

2. 把反馈当作礼物接受　当朋友给了你一份没什么用或是你不怎么喜欢的礼物时，你该做何反应？一开始你可能会有些疑惑，但是你应该还是会说"谢谢"。如果你还想要这个朋友,你应该不会跟他争论为什么这不是个好礼物。你应该收下它,然后谢谢你的朋友花时间为你准备礼物。然后你可能会把它锁在柜子里,使它永不见天日。当我们把反馈看作礼物时,反馈的双方都能更好地处理这段经历。正如前文所说,送礼物的一方应该仔细挑选礼物。收礼物的一方应该对此心存感谢。如果礼物刚好是你喜欢的,能用得上的,那真是太棒了,但事实往往不会尽如人意。但是收礼物的人能决定收礼物时的情况。拿反馈来说,无论你得到的反馈方式是好是坏,你都应该说声"谢谢"。记住,给你反馈的人对此感到的尴尬并不比你少。

3. 了解反馈内容　在说了"谢谢"以后,我们的第一反应应该是通过提问来搞清楚反馈的内容。在我的例子里,背景对反馈很重要,但是常常被人忽视。在面对批评时,你的第一步不应该是内化它们或是做出改变,而是努力了解反馈。问一些问题可以帮助你应对自身情绪的波动。比如:

你能告诉我一两个你曾看到我这么做的场景吗?

你说的这件事出现频率是多少?

这件事发生有多久了?

你能给我提一些改进的建议吗?

4. 花时间来处理反馈　反馈造成的情绪波动在一开始也许会很剧烈,特别是反馈的内容完全出乎你的意料或是你觉得不公平时。你需要花时间来让情绪平复下来,然后再考虑该怎么处理反馈。如果你觉得反馈内容不实,在丢弃它之前,问自己这样一个问题:万一这是真的呢?那么我能从中得到什么启示?在设计人才管理方法的时候,我们发现造成反馈讨论气氛紧张的一部分原因是很多人意识不到反馈中提到的缺陷。由于过去没有这样的反馈机制,很多人在问题存在了很长时间之后才得到反馈，而在过去我们根本意识不到这些问题。一旦我开始认真处理别人对我的反馈，我发现无论我的态度如何，与我共同工作的同事都非常认可反馈的内容。无论这是否公平，这些障碍都阻挡了我的前进之路，需要我去处理。

5. **决定下一步行动（如果可以的话）** 在处理和明白了反馈的内容之后，你就该采取行动了。在大多数情况下，如果有人向你提意见，你最好重视这些意见。针对意见采取行动非常重要，但是决定采取什么行动还是很难。当你还不确定该怎么办时，你可以向更多的人征求反馈和建议。告诉他们你听到的反馈，询问他们的看法和意见，比如"最近有人向我反馈我有时没有好好听他们说话，你觉得我有这样的情况吗？你能给我提供一些改进建议吗？"

针对反馈采取行动是个好主意，但不是必需的。有人向你反馈并不意味着你一定要采取行动。有时应对批评的最好办法就是忽视它。每当我做主题演讲时，总有人喜欢兴高采烈地批评我的表现。如果我根据每个人的建议做出改变，那我肯定会失去理智和自信。所以我只会心存感激地接受这些反馈，然后忘了它们。记住你是有选择权的，在接受反馈时保持良好的心态非常重要。在这件事上，你是有控制权的，无论你做出什么样的决定，都会产生积极或消极的结果。

确保反馈成为绩效管理体系中有益的组成部分，一个有效方式就是让每个员工都能掌握正确的方法，树立正确的思维方式来接受和处理这份礼物。

要点总结

前馈可以让反馈在过程中产生更少的威胁性,变得更积极。简单来说,前馈将重点从批评员工过去的工作表现,转移到了对员工未来发展的建议上。

传统的360度评估是一种错误的反馈方式。在现在的环境中,公司努力将工作体验打造成一种员工与工作间健康的关系,而这种评估方式在今天会严重损害这种关系。

为了让对等反馈方式更加有效,你可以设计开放式和前馈式的问题,将反馈实名化,把反馈方式的控制权交到员工手上。

就算你拼尽全力,有时候你的反馈方式还是会不尽如人意。为了让反馈转化为刺激员工成长和发展的动力,你可以对员工进行培训,告诉他们怎么有效地接受和处理反馈——无论你用什么方法。

评价和等级评定

我发现工作中有一点很有趣,那就是在我们有效评价员工业绩时,总是会遇上问题。毫无疑问,业绩评价非常重要。领导们总是说"有评价就有成绩",这句话就像是管理界的一条普遍真理。当感到自己在进步时,我们会充满干劲。如果成就或进步无法被评价,我们的干劲也就消失了。

想要我对自己的工作表现负责,我就必须清楚我的工作是如何被评价的。如果我要对我的工作成果负责,我就必须明白工作中什么才是重要的、它为什么重要,以及它对我成功的贡献如何。我还必须时常更新自己的成绩与目标之间的差距。我很惊讶地发现,人们常常会忽视这些简单而又明显的绩效管理因素。

在与员工聊到为什么绩效评估对他们来说是一种折磨时,我常听到的抱怨之一就是关于评价的。有时候他们不知道评价自己工作表现的方式是什么。他们也抱怨说在收到年终绩效评估结果之前,他们并不知道自己一直以来的表现如何。如果员工们不能知道自己一直以来的表现,绩效评估的结果确实会让他们吓一跳。而这种惊吓显然是不可接受的,因为绩效评估结果会影响员工的工资。在跟工资有关的一切因素上,我们都不喜欢受到惊吓。

对工作表现进行评价是另一种消除员工不确定性的方式。如果我知道公司对我的期望是什么,如果我能随时知道我的工作成果与这些期望之间的差距在哪里,我就会感觉自己能够控制自己的绩效,以及我能够对自己未来的成功负责。

◆ 为什么等级评价会失败 ◆

几十年来，对员工绩效进行评价的主要方式就是令人望而生畏的绩效等级评定（rating）。这个将员工一年的工作价值压缩成数字的仪式更是加深了员工"工作就是合同"的观念。从关系测试的角度看，等级评定毫无疑问是在损害关系。

如果你对一个好朋友说："你作为一个朋友今年干得还可以。5分里面我给你打3分。"你的朋友反应会是如何？也许明年可以让你打分的朋友就会少一个了。

或者将等级评定用在私人关系上会出现怎么样的结果？想象一下你对伴侣说出："感谢你邀请我共进晚餐。我给这顿饭打2.5分。你的表现和我的要求还是有些距离。"

我们不会给自己真正在乎的人打分。如果我们这么做了，这无疑是在损害我们的关系。将人类行为简化为一个数字，这种感觉并不好。它忽略了行为的复杂度和不同行为间的细微差别。事实上，我不提倡等级评定的原因还不止于此。

或许从严格意义上来说，等级评价是一个人对另一个人做出的主观判断。但是我们并不善于准确评价另一个人。一项重大的研究发现，当对职场上的员工做主观评定时，大多数评定结果的差异（高达62%）都与被评定人无关，而是与评定人有关。研究人员称这个现象为"特殊评分员影响"，也就是说在对绩效进行等级评定时，你的评定成绩与评定人有很大的关系，而与你真实表现的关系就不那么大了。

除此之外，将复杂的员工工作表现压缩成一个数字，这一举措也是有问题的。在职业体育运动中，我们会有许多不同的变量来衡量一个运动员的表现。比如在篮球比赛中，如果只用进球率来对运动员进行评价，这一定不能全面地反映出该运动员对整场比赛的影响。进球率高的运动员也有可能存在很多失误的时候，比如多次在防守时让对方进球。只看进球率可能会让你忽视该名运动员对整场比赛的消极影响大于积极影响的事实。

在医学界，健康不可能只用一个数字来衡量。一个简单的血液测试会需要提供6个或以上的血液指标。即使在学校里，老师也会用各种指标来评价学生的综合表现。我的孩子们的上一份成绩报告单就涵盖了对20多个不同项目的评分。

将复杂的员工工作表现简化成一个数字是不可取的，而是应该对其采取全面有效的评价系统。在大多数情况下，不仅等级评定数据无法让人信服，等级评定本身也无法展示出员工在各个时期工作表现的细微差别和背后的原因。

我们应该把等级评定从绩效管理中除去。但是正如前文所强调的，绩效评价是十分重要的。为了让员工对自己的工作表现负责，我们必须用有效的办法评价他们。如图4-1所示，有效的绩效评价方法包括3个步骤：定义、评估和交流。

图4-1 绩效评价的3个步骤

• 绩效评价的3个步骤 •

定义

评价的第一步是定义。对于员工绩效来说，这一步应该包括在绩效计划中。明确公司对员工的要求会让员工知道公司会如何评价自己的工作表现。定义就是回答以下这个问题：我怎么知道我成功了？如果你的工作是可量化的，那答案就简单多了（比如每小时平均接待的客户数量）。

但是如果公司对你的期望是无法量化的，那定义就难多了。比如公司的目标是要求你用更积极的态度面对工作，那么我们或许找不到明显的可量化的方法来评价你在这方面的表现。所以在这种情况下，我们就需要再多问几个问题来明确成功的定义。

首先，有没有什么特定的行事作风或是行为方式可以帮助你完成这个目标？答案或许是不在会议上提出负面点评，或许是在面对新观点时不会随意对其批评和否决。一种可能的评价方式是看员工是否有这些行为。这项成功可以意味着不在会议上传播负面情绪，或是在面对新观点时不随意批评它。但是这还不足以评价成功。虽然改掉不好的行为是一种进步，但是我们需要用对公司有贡献的行为来代替这些不好的行为，这才是向目标更进一步的表现。

为了找到更有效的评价进步的方法，你可以问问自己，什么样的举动标志着进步？在上面的例子里，这些举动可以是在会议上提出积极建议或是对他人表示肯定，也可以是在面对新观点时不随意批评它，而是对其提出建设性意见，像是"我觉得它很有意思"或是"再跟我仔细说说"。

上面的都是些简单的例子。重要的是你必须记住评价的第一步是定义。你无法评价你没有定义的东西。无论这一步有多难，你的努力总是值得的。

评估

在有了明确的定义之后，你就可以继续研究评价的核心部分了，那就是评估、计量或是评价进步。当你可以很容易地把可量化的结果单独拿出来看时，评估这一步就非常直接了。想要收集和分析体现业务水平的数据并不难（比如营业额、客流量等）。难的是那些无法被量化的结果，像是上面说的态度的例子。

许多工作表现都是与员工行为相关的，这是非常难以被量化的。由于行为产生的影响大多与另一方（同事、客户和其他人）相关，想要评估行为就需要从这些人身上得到反馈。在明确定义绩效期望中的成功之后，你应该告诉那个向你反馈的人你所需要的反馈类型。

当你需要帮助员工用更加积极的态度面对工作时，特别是在会上和面对新观点时，该员工同事的反馈是很有价值的。你还可以利用前馈法。下面是一些在收集反馈时，你可以问的问题：

- 你可以举个例子说明杰森最近在会议上表现很积极吗？
- 为了让杰森在会议上表现更加积极，你会对他提出什么建议？

你可以通过网上平台或是邮件来收集反馈，也可以在一对一谈话中收集反馈。这些反馈可以告诉你杰森积极表现的频率是高是低，还可以为你提供许多改进方案。如果杰森的表现完全不符合公司的期望，这在反馈中也会体现出来。人们不可能为没有看到过的事情编一个例子出来。通过在绩效周期内时常收集这些反馈，你可以做到准确评价一名员工的进步。

案例分析 K&N 管理公司的游戏摄影

除了对等反馈，我们还可以用其他新颖的办法来评估员工绩效。K&N是一家位于得克萨斯州首府奥斯汀的管理公司，它主要进行的是酒店管理，它用一种叫作游戏摄影的方法来评价员工对客服的服务质量。K&N管理公司十分重视服务质量。实际上，这家公司的8个核心要求之一就是所谓的"得克萨斯式好客"。公司对前台收银员的要求非常仔细和清晰，因为它知道收银员对客户体验非常重要。

　　游戏摄影就是让公司员工假扮成顾客进行实时秘密拍摄。这些"神秘顾客"会时不时地光临酒店，记录自己和酒店的互动。有时他们甚至会假装向前台投诉，看看前台人员是如何应对这种情况的。前台收银员们知道公司的工作人员会假扮客户进行秘密拍摄，但是他们不知道这些假客人什么时候会来，自己是否正在被拍摄。

　　游戏拍摄是为了帮助员工从客人的角度观察自己的服务。之后公司会使用前馈法。据公司员工积极性团队负责人基尼·基罗什（Gini Quiroz）称，这一举动是为了记录下员工好的表现，同时让他们不断提高自己的服务水平。公司非常认可这种服务评估方法，甚至还聘用了一位视频分析师来根据公司的要求对拍摄视频进行打分，这些分数在员工培训时会被当作一种参考。得分最高的前台收银员会受到公司的奖励。当员工知道自己可以通过游戏摄影发现自己与公司要求的距离时，他们非常愿意知道自己的分数。

　　这个游戏摄影法让我们知道明确的定义可以让公司对员工行为和工作技能进行评估，而这些在过去都是很难被量化的。K&N管理公司的管理者认为，正是他们的服务方法让企业获得了成功，因此他们将这种方法运用到各个分公司和子品牌中，以保证员工优秀的服务质量。

交流

　　评价的最后一步是将评估结果向员工公开。当工作只是一纸合同时，评价是雇主做的事，只是为了看员工是否完成了要求。此时评价是对员工做的，而不是和员工一起做的。评估结果通常也不向员工公开。

在一段关系中,评价是为了让关系中的双方看到自己的进步,让双方明确各自的责任和共同的责任。如果我们能够明确定义成功的话,那么围绕这个成功的评价也应该让员工知道。

K&N管理公司的游戏摄影法是交流评估结果的一个好例子。在对视频分析部分打好分以后,视频会被送到酒店经理的手中,这样经理就可以与被拍摄的员工讨论其评估结果。视频分数告诉员工他们哪里做得好,哪里还需要改进。经理还会收到一份培训事项表,为员工今后的工作提供指导。因此员工知道这个评价过程,也知道自己的工作表现。

定义、评估和交流是通往有效绩效评价的必经之路;这个办法会帮助员工在工作中负起责任,提高绩效。

要点总结

要让员工对自己的工作负责,就要让他们明白和看到工作的评价标准与流程。

主观的等级评价不应该继续保留在绩效评价中。主观的等级评价不利于员工的工作积极性,因为将人类行为简化为数字对关系是一种损害,而且评价结果也不准确。人类不善于评价他人,而且比起被评价者,评价者对结果的影响要大得多。

绩效评价的步骤包括定义、评估和交流。定义是让员工明白进步的评价标准是什么。评估使员工可以随时看到自己进步的程度。交流是让员工明白自己哪里做得好,哪里有待改进。

反思的重要性

十几年前,我开始写博客。那时我是一家公司的人事经理,写博客只是为了发泄。我常对人说,博客是我尽情表达观点的地方,这样我就不会在工作时让我的团队疲惫不堪。一开始,我完全不担心有人阅读我的博客。虽然我很喜欢有人来阅读和回复我发表的文章,但是我还是只将博客作为发泄的一个地方。

如果你问我为什么要写博客,我会告诉你这是为了分享我的观点,帮助人事主管的工作更上一层楼。但之后我才意识到,写作对我的帮助要比这大得多。写作是一个能够让我回顾工作和生活的方式,并且可以从中提取经验。在大多数博文里面,我写下了自己在工作上遇到的困境和挑战。在我写作的过程中,我可以总结经验和教训。通常我会把我的看法转变成建议和法则推荐给读者,让他们可以在工作中将其运用起来。

在学习和成长过程中,我们把整理经历,总结经验和教训称为反思。写博客对我来说就是一种反思。反思对人类发展非常重要。它可以帮助我们发现自身问题的答案,而不是让别人来告诉我们。我在博客上写的很多东西,也许别人早就写过了。因此我的经验并不是最新的或是唯一的。但是对我来说,它们都是新的。由于我是通过反思从自身经历中总结起来的经验,因此这些经验对我来说意义重大、至关重要。

哈佛商学院的研究发现,反思不仅有益于学习,而且对工作也很重要。研究的一个重点是要搞清楚在做技术和能力培训时,反思和重复哪个更重要。比如，现在你要完成一项非常复杂的新任务，像是写电脑程序或是做手术。在前10次尝试中，教练或专家将陪伴你，确保你的操作正确。一旦有了这样的经历，接下去你要怎么做才能让自己又好又快地掌握这门技术呢？你是不是要自己再重复10次相同的操作？还是少做几次，然后在每一次任务完成后都做总结？

传统观点认为，我们重复做某样事情的次数越多，我们就越擅长于做这件事情。这会让我们认为多做10次练习是达到熟练的最快方式。但是传统观点经常误导我们。研究还发现，相较于不停重复练习，花同样的时间对任务进行反思可以帮助我们在任务中表现更好。反思让人明白任务的意义，增强完成任务的信心。

由于反思对工作有重要意义，你也许会认为反思应该是绩效管理方法之一。但事实并非如此。技术的发展让我们能够更快更好地完成工作，人们也理所当然地认为工作产出应该更多，效率应该更高。因此，我们常常会高估绩效管理的效率。从而埋头苦干就成了第一要义。

反思要求公司给予员工指导，也让员工在工作中把头抬起来，想想自己经历了什么。从短期看，反思并不能提高员工的工作效率，因为员工用来反思的时间并不能产出任何实质成果。但是研究发现，反思可以提高员工工作的能力。所以从长期来看，反思是能够改善员工工作表现的。

◆ **自我评价和反思** ◆

在举出公司利用反思改善绩效管理的例子之前，我们先来看看反思和自我评价有何不同。自我评价是许多公司采用的绩效评估的一部分。虽然这两者看上去很像，但目的却不相同。

反思的目的是为了让人学习和成长，充分释放潜能，从而得到更好的个人发展。下面是几个在反思中人们会问到的问题：

- 我在哪一方面干得还不错？为什么？
- 我在哪一方面有问题？为什么？
- 我可以做出哪些改进来获得更好的结果？
- 下一次遇到相同情况时，我该怎么做？

每一个问题都蕴含着经验和教训，能够对未来的发展起帮助作用。反馈问题还能帮助个人更好地接受、处理反馈与绩效评价结果。

另外，自我评价通常被用来促使绩效评估更完整全面。即使是最优秀的经理也不太可能了解员工工作的每一个细枝末节。与自我评价相关的问题会是这样的：

- 今年你最大的成就是什么？
- 今年最令你骄傲的是什么？
- 你现在遇到的最大问题是什么？

自我评价主要是让经理（或其他相关人员）意识到员工做了多少工作，也让员工告知经理自己在绩效周期里的成就。然而自我评价最多就是让经理对你的评价更完整、更有深度。对那些管理工作成绩不佳的经理来说，自我评价是他们对你的评价的主要来源。不幸的是，我发现自我评价很少在前者上发挥作用，事实上它更多的是在弥补管理者的失职。

自我评价是出于书面报告的需要，也是出于员工职责履行和自我提升的需要，而这些需要都是存在于工作是合同这个模式中的。当公司通过反馈和评价找到了有效的绩效责任方法，它就不再需要员工的自我评价了。并且自我评价是反思的准备阶段，是可以被反思所代替的。

◆ 将反思融入绩效管理体系中 ◆

虽然我们都知道反思对个人工作和成长有重要作用，但是如果公司没有正式的规定，员工还是不会在工作中反思。了解反思重要性的公司总是会直接或间接地将反思融入它们的绩效管理体系中。但是它们的做法各不相同，有些从个人入手，有些则从团队入手。

之前我提到维斯达印刷公司采用员工主导的管理方式来取代360度评估和绩效评估制度。但是在这里我要提醒你一下，这一管理方式是让员工自发地向他们认为最适合的人寻求反馈，然后对反馈进行分析处理，之后再与经理进行讨论。虽然他们并没有用"反思"一词，但是员工确实是在这一过程中进行着反思。反思让员工们对自己的反馈更有控制感，也让他们更愿意接受经理在其今后行动上的建议。

我之前采访的一家大型跨国公司在改革其绩效管理方式时，也将反思作为重要一步。在对员工进行调查之后，公司发现原来的绩效管理方式已经过时了，于是就从头开始设计绩效管理。

在分析员工反馈和研究下一步计划之后，他们设计了一个全新的管理方式。他们的目标是设计一种简单、灵活、专注于提高员工绩效的管理方式，完全放弃了过去按合同办事的管理方法。

这个新的管理方法包含了4个相互连接、相互作用的步骤。他们还开发了一个公司内部使用的技术平台，来帮助每个步骤的实施。

1. **工作重点**　这一步是让员工明确下一步最重要的目标是什么。这个目标可以是下个月的、下个季度的或是下一年的。虽然每个员工都必须制定和整理工作重点，但是工作重点的内容和制定方式是由员工与经理共同决定的：他们讨论之后再做决定。在发现需要做出改变时，他们也可以随时做出改变。

2. **接触**　员工会定期与经理谈话。接触可以是日常工作检查，也可以是时间更长、更传统的一对一谈话。公司的目标是让经理和员工积极地就工作进行沟通。

3. **反馈** 公司的新技术平台让反馈变得更加容易。员工需要时常接受和提供反馈。在新的管理方法中，他们运用了一种前馈的方法。在向他人反馈时，你需要选择"继续"（强化其积极行为）或是"考虑"（提出未来发展的建议）。然后在文本框里写下你的反馈，且不能用数字评分，也不能用等级评价的方式。

4. **总结** 这是让以上3步合起来并产生反思作用的一步。当员工完成或取消一项（或几项）工作重点时，他们必须写一份工作总结。总结让员工进行自我反思，并且记录下自己从工作中学到的东西。网上平台让他们评估自己是否在工作中认真负责，工作能力是否有进步，是否帮助了其他人。员工还需要就他们收到的"继续"和"考虑"反馈进行总结。最后，他们可以分享一下自己的想法和经验。在员工写这份总结时，他们的经理也需要同时对员工的表现做总结，让经理对员工的工作进行反思。

这个例子很好地向你展示了管理方法和技术手段是如何在绩效管理中，让反思发挥出巨大作用。为了更好地运行新的管理办法，公司也为员工、经理和领导提供培训，让他们更加清楚新的管理方式的内涵和重要性。这一新的管理办法也受到了出乎意料的好评。

团队反思

一些公司发现团队反思也是一种总结经验的有效方式，特别是当团队合作完成一项工作时。和个人反思一样，团队反思也需要技术和方法的支持。

> **案例分析　英伟达的"尸体解剖"**
>
> 　　英伟达（NVIDIA）是一家技术公司。要在竞争激烈的技术领域生存和立足，意味着这家公司需要不断地进行创新，同时也意味着他们必须快速总结经验教训。博·戴维森（Beau Davidson）是公司人事部门的副总裁，他将公司的挑战称为"边造飞机边飞"。在英伟达公司，从经验中，特别是从错误和失败中总结教训是非常重要的。
>
> 　　英伟达公司大部分的工作都是以项目的方式出现的。员工在一年里经常会辗转几个项目组，有时手头上会同时有好几个项目。每个项目组的工作进度都很快，因此人们很容易忽视总结而来的个人经验。为了防止这种损失并让员工获得进步的机会，在项目结束后，他们会进行一个叫作"尸体解剖"的步骤。
>
> 　　项目结束后，团队成员们会聚在一起总结与反思这一项目所带来的经验。他们会对以下问题进行讨论。
> - 我们在哪里干得不错？
> - 我们在哪里干得不行？
> - 我们怎样才能改进？
>
> 　　通过反思，团队成员们总结成功经验，制订改进方案。

　　Hubspot是一家营销自动化公司，它利用反思刺激团队学习的方法令人称赞。这家公司重视帮助员工正确对待风险和失败，因为这是创新者必备的素质。但是他们也知道，只会失败而不会总结是没用的，因此他们创造了"失败论坛"。

　　"失败论坛"会在Hubspot的总部举行，频率为每年数次，之后总部会通过电视广播将其分享给全球员工。论坛的存在只有一个目的：让员工分享自己失败的故事，总结经验教训。这家公司的员工们都自愿在论坛上发言。他们在发言时，需要回答以下3个问题：

1. 你在哪里干得不是很好？
2. 你是从什么时候意识到这一缺点的？
3. 你从这段经历中学到了什么？

举办"失败论坛"的意义有好几层。首先，论坛的存在让公司上下明白，失败并不是致命的，员工应该从中总结经验。其次，公司呼吁员工说出他们的失败故事可以让员工反思："我最近从失败中学到了什么？"即使有些员工从来没有在论坛上发过言，他们也会花一点时间反思自己的失败。

这个办法的另一个好处就是它将反思的结果向全公司分享，让学习成果最大化。可以确定的是，那些分享了失败故事的人确实花时间进行了反思，这样他们才可以总结出最有用的经验。每一个参加或是观看了论坛的人都可以从中获益颇丰。

反思是让员工在工作中负起责任的秘密武器。没有反思，反馈和评价的价值会大打折扣。在你努力使责任成为绩效管理系统的一部分时，请记得留出一点时间让人们反思和总结经验。

> **要点总结**
>
> 　　研究发现，相比那些一味重复任务的人，会对任务进行反思的人在工作表现方面更加优越。

> 自我评价和反思完全不同。自我评价是用书面形式报告工作的完成度，对自己进行表彰，主要存在于"工作是合同"的模式中；而反思注重的是个人成长和发展，充分释放个人潜能。
>
> 如果没有正式的规章制度，在普遍崇尚效率的公司中，员工是不会进行自我反思的。为了让员工们从反思中获益，公司在对员工和团队进行绩效管理时，必须利用类似"工作总结"或是"尸体解剖"之类的方法。

直面绩效问题

经理最重视的事情之一就是解决员工的绩效问题。当员工工作表现不佳,经理会对此感到非常困扰。作为经理,你有可能不知道该做什么,该说什么,该怎么以身作则。有时,绩效问题也会让你变得麻木,甚至干脆什么都不做,就看着问题越变越严重。

因此,人力资源管理部门制定了完整的制度和程序来处理与员工绩效有关的管理难题。许多中大型公司都会采用改善与员工的关系的办法来解决员工绩效和其他行为问题。工作是合同模式中的绩效改善计划,也是用来处理这个问题的。这样的公司会有"绩效提高才是硬道理"这样的文件,让经理在开除员工时心里不那么愧疚。

但事实上,没有人喜欢这些绩效改善计划,也不想谈论绩效问题。绩效问题对员工来说是很痛苦的,对经理来说也会有些为难。难怪总是有人问:我该怎样更有效地处理绩效问题?最好的处理办法就是把问题扼杀在摇篮里。

其实大多数绩效问题都是经理的问题,是管理失败的产物。公司需要采用科学合理的绩效管理方法,其最主要的原因就是防止绩效问题的产生。当员工知道公司对自己的要求是什么,拥有所需的资源和帮助,动机明确,可以看到自己的进步程度时,优秀绩效的产生是自然而然的。在公司明确了自己对员工的期望时,员工也不会抱怨或辩解说:"我不知道自己该做什么。"当进步可视化之后,员工可以在任何时候采取行动做出改变或是寻求帮助。

大多数绩效问题的产生都是由于绩效管理方式的失败。你要做的第一步就是要明确绩效管理在哪里失败了。而一个员工无法完成工作计划，通常有5个原因。

◆ 我不清楚公司对我的要求是什么 ◆

这是最普遍的一个问题，也是最好解决的一个问题。大多数情况下，当员工工作表现不佳，或是有其他行为问题时，这些情况都可以归结为是经理没有把要求说清楚，且其根源一般都是经理对员工做了盲目的假设。作为经理，你可能会假设员工清楚自己的意思，但实际上他们并不明白。

比如，我作为经理，通常会要求员工们在开会时做笔记，无论是纸质笔记，还是电子笔记。虽然在会后员工可能用不上这些内容，但是员工还是需要在会上记录下信息，跟进最新进展。记笔记体现出员工对会议有所准备，想从会上学到有价值的东西。

我一直以来都认为，当人们开始工作以后，无论参加什么会议，无论在会议中充当什么角色，他们都应该带着纸笔来。但是有好几次人们并不是这么做的，即使当他们需要在会上记笔记作为未来的参考之用。这让我很震惊，也很困扰。最后，我发现这是我的预设出了错。在我向员工反馈这个问题时，我发现之前没有人这么要求他们。通过一次简单的谈话，我就解决了这个问题。后来员工们在会上准备得更充分了，我也没有那么困扰了。

为了解决这样的绩效问题，我们可以回到绩效计划的根本上来，也就是之前我说过的——明确和记录要求。不要假设员工们对任何事情都是已知的状态。如果某件事很重要，你应该记得先与员工进行讨论，再把它记下来。只有当员工告诉你他们明白了,他们才可能是真正明白了。

◆ 我不知道我没有达到要求 ◆

这是造成绩效问题的第2个常见原因。如果不能时常收到评价和反馈,员工可能在几个月(甚至更长)的工作时间里都不知道他们的表现情况。正如前文提到的,年终绩效考核的一个缺点就是它很容易让员工在一年里只有一次机会能从经理那里得到反馈。在年终,员工才发现自己有些地方做得不够好,但是已经没有改正的机会了,这是一件很让人沮丧的事。

如果员工不知道自己的表现没有达到要求,这是反馈和评价制度的失败。作为一名经理,你很容易假设在你看到员工表现不佳时,员工自己也能看到,但通常来说他们是看不到的。如果没人告诉我我的表现不好,我会觉得自己还不错。就像那句老话"没有消息就是好消息"。这个例子又一次告诉你,经理的假设会带来绩效问题。

想要解决这个问题,你需要回看绩效责任制度内容。你需要和员工一起明确公司对他们的期望,并与他们讨论如何才能在下个绩效周期让员工更好地管控自己的成长进度。你可以经常组织一对一谈话或在现有的会议上加入新的议程。或许员工还应该在固定时间内征求同事的反馈。这一切都是要让员工管控自己的成长进度,明确公司对自己的要求,从而对工作负责,对自己未来的发展负责。

◆ 我不知道应该如何达到要求 ◆

明确公司对员工的要求非常重要,但是如果员工缺少必备的技能或能力,失败是不可避免的。有时候,当我招了一名新员工,或是调了一名员工去了一个新部门,我会发现无论他多么努力工作,都不能满足公司的要求。这就说明绩效计划还有漏洞。也许是我没有对新员工进行培训和指导，导致他无法完成公司要求。

为了解决这个问题，你需要观察员工的工作情况，收集反馈。特别是你需要向该员工的工作伙伴收集前馈意见，这些意见对制订培训和指导计划特别有帮助。一旦确定了员工需要学习的内容，你可以制订一个短期的发展计划。计划的重点是帮助员工获得所需的知识和技能。一旦员工知道该怎么做了，绩效问题也就消失了。

•我达不到公司对我的要求•

有时候绩效问题并不是因为员工不知道怎么做，而是因为他们缺少某种能力，或是不适合这项工作。这个问题并不常见，但是经常会出现在岗位调动的时候，那时员工可能会发现自己达不到职位对他们的要求。最常见的情况是当员工第一次升职成主管时。一般来说，一个工作表现优异、技术能力出色的员工会得到晋升，成为管理整个团队的人。因为他是时候晋升了，而管理人员就是他职业道路的下一步。但是突然间，这名员工发现这份工作很不适合他，他也对此完全不感兴趣。他可能完全不喜欢与人交流，但是现在他得负责管理这么多人。

在这种情况下，对他进行管理学方面的培训可不是一个正确的选择。虽然我们告诉自己"每个人都有潜力成为一名经理"，但是如果这位新经理就是不喜欢和人交流，只想做好实际工作，那么不管什么样的培训都无法改变他。

如果你发现有员工是这样的，你可以和他们开诚布公地谈谈。问问他们喜欢做什么，最讨厌工作中的哪一点，什么样的工作会让他们身心俱疲。然后你可以为他们找到更适合的岗位。如果公司把他们放到了不合适的岗位上，这一点应该及时被改正过来。不然只会让员工更加痛苦，在工作上不断遭遇失败。

◆我不想达到公司对我的要求◆

如果你的绩效管理系统在计划、培育和责任方面都做得很好，大多数的问题就不会存在。人们大都希望获得成功，当绩效管理系统积极有效时，他们就能实现这个目标。但是在极个别的情况下，你可能会遇到这最后一种绩效问题。这种情况不多见，产生原因也各不相同。可能是因为员工某次受到了不公正待遇，比如没有得到应有的晋升；也可能是工作外的问题对员工的工作态度产生了负面影响。

虽然这些问题看起来很难解决，实际上也相当简单。在上面几种绩效问题中，问题的原因都在于管理者。但在这个例子里，是员工自己选择不想工作，或是不按要求办事。解决这个问题，只要帮助员工认清这个选择的后果，然后帮助他们做出更好的选择就可以了。

在这种情况下，我们通常会用工作就是合同模式下的规章制度来逼迫员工，而不是与员工进行正常的交流。这种方式是错误的。现在我们已经知道工作是一种关系，我个人也对"改善绩效是第一要义"持保留态度，所以在这件事上我们应该首先考虑与他人建立联系。你可以先试着了解该员工遇到了什么事情才导致了这样的结果。你与员工的谈话应该是开放、面对面且充满关爱的。你可以这样开始与员工的谈话：

> 杰森，我想和你聊聊你身边最近发生了什么，因为我很关心你。你的工作表现水平正在下降，最令我担心的是我没有感觉到你关注到了这个问题。我希望能够帮助你改变这个情况。你最近遇到什么事了？

如果你能有机会和员工谈谈，知道他们遇到了什么问题，如何解决这些问题，那么你就能很快解决这个绩效问题了。但是并不是所有人都愿意与你谈话。如果他们对你很冷淡，表现得非常抗拒或是很有攻击性，那么你就应该告诉他们这样下去的后果，并把是否做出改变的决定权交给他们。

许多经理都会犯一个错，那就是他们会长时间地让员工处在这种消极的状态中。一旦你发现了这个问题，你就必须让员工做出选择——解决绩效问题或是另谋高就。而维持现状不在选择范围之内。

这样的谈话是很直接的。下面的例子可供你进行参考。

> 杰森，你的工作表现和行为举止都出现了问题，你不能再这样下去了。你必须对此做出选择：①你振作起来解决这个问题。如果选择这条路，你需要写下保证，在之后的30天内你会在工作上回到正轨；②你另谋高就。如果你不能再在这里好好工作，这条路可能是最适合你的。这里没有第3个选项。我真诚地希望你能够开心工作，获得成功，但现在看起来你既不开心，也不会成功。我们必须做出改变了。两天后我还会再找你一次，那时请你告诉我你的选择。

从关系测试的角度看，这段谈话很像是当朋友一而再再而三地失信于你后，你所面临的情景。这段谈话展现了尊重、坦诚，并提醒对方反思自己的所作所为，然后做出一个合适的决定。

如果我们都从积极的角度看待他人，利用完善的系统解决绩效管理中的计划、培育和问责问题，那么解决绩效问题会变成经理工作中很小的一部分。在发现问题的时候，你就应该找到原因所在，解决问题。如果员工消极怠工，你可以从关系测试的角度处理问题，把员工当作你非常关心的那个人，尊重他，而不要破坏你们之间的关系。

要点总结

大多数绩效问题都是我们自己造成的，在一定程度上是我们在管理上的缺陷。

想要解决绩效问题，首先你必须确定造成这些问题的原因是什么。下面有5个主要的原因：

"我不清楚公司对我的要求是什么"；

"我不知道我没有达到要求"；

"我不知道该如何达到要求"；

"我达不到公司对我的要求"；

"我不想达到公司对我的要求"。

如果我们都从积极的角度看待他人，利用完善的系统解决绩效管理中的计划、培育和问责问题，那么解决绩效问题会变成经理工作中很小的一部分。大多数的问题都会被扼杀在摇篮里。

UNLOCKING HIGH PERFORMANCE

--- 第 5 章 ---
建立一个长期有效的绩效管理系统

看到这里，希望你已经收获了很多好点子。也许现在你的观点还是倾向于让员工履行责任，而不是让他们与工作建立起良好的关系。也许你已经开始想怎么才能让你的员工觉得反馈不那么痛苦。这本书的目的就是为了让你有所启发，知道一些解决问题的办法。正如与人相处没有固定的方式一样，管理绩效的方式也不是单一的。无论如何，你都要注意一些绩效管理中的基本要素，但是这些要素的呈现方式取决于你的公司文化和员工。

同时，你可能也感受到了一些压力，特别是当你发现公司的绩效管理系统需要大改时。如果你需要对绩效管理系统大做调整，那接下来就是从哪里入手的问题了。

整本书中我都在强调公司需要利用绩效管理系统来为员工创造良好的工作体验。为了释放员工潜能，最可靠的方式就是为你的公司量身定做一个绩效管理系统。但是建立有效的绩效管理系统需要时间、耐心和一些小技巧。在接下去的几节中，我将详细说明如何为你的公司量身定做一套绩效管理系统。

或许你没有时间或兴趣为公司重新设计一个新系统，但这并不是说你不能进一步改善这个系统。除了重新设计绩效管理系统，你还可以在本书中找到很多有效的管理办法，它们也会起到立竿见影的效果。在本章中，我将告诉你如何通过一些简单的方法，更好地培育员工与工作之间的关系。

◆前情回顾◆

在说到具体步骤之前，我们先来看看书中提到的一些重要概念：

我们现在使用的大多数绩效管理办法（和很多管理办法）都是在工作就是合同的模式下产生的。这个模式诞生于一个世纪前，在那个工业化时代，企业和公司初具雏形。

在过去的一个世纪中，工作的性质发生了翻天覆地的变化，但是管理方式还是旧的那一套。研究发现，随着工作的变化，员工的工作体验和对工作的要求也在变化。员工不再把工作看作一纸合同，而是将它视为一段关系。影响员工投入工作的因素和影响两个人建立健康关系的因素其实是非常相似的。

雇主将工作视为一纸合同，雇员将工作视为一段关系，这两者间的差别是几十年来员工工作积极性持续低迷的主要原因。为了调动员工的积极性，释放员工的潜能，雇主和经理们必须用另一种角度来看待工作。不能再将工作视为强迫员工的合同，而是要将它看作是和员工的一段关系。

你可以用关系测试来改善绩效管理方式，以及与员工的互动方式，想想"如果我对自己在乎的人使用这种方法，会产生什么后果"。如果它能巩固你们之间的关系，请继续这么做；如果不能，请想想有没有别的办法。

绩效管理不应该再专注于履行合同上的条款，这个方法已经被证明是错误的。为了充分释放员工潜能，我们必须设计和实施能够为员工带来积极工作体验的绩效管理方式。这种方式可以让员工认为他们和工作处在一段健康关系之中，彼此之间充满信任、欣赏、接纳和付出。

绩效管理包括了3个各不相同又相互依赖的步骤：计划、培育和问责。为了让员工展现出最好的工作状态，你必须牢记这3个步骤，为员工创造最好的工作条件，培育员工和工作之间的关系。

本节回顾了之前我强调的观点和方法，希望你能将其铭记在心并运用于自己的公司管理之中。而下一节是专门为那些没什么耐心，想看到立竿见影的效果的人而写的。在下一节中，你将会学到怎么利用停止和入侵来达到你想要的结果。

接下去的几节会告诉你如何利用设计过程来充分了解你的公司和员工，然后决定应该为员工创造什么样的工作体验。然后我会向你说明这些信息是如何在管理方式和步骤（计划、培育和问责）上帮助你决策，从而使你找到最适合公司的绩效管理系统。

最后我还会说到怎么测试、改进和利用这个新系统。当你阅读到本书的最后，你就能带领公司重新设计管理系统，从而释放员工潜能，让所有员工都感到积极向上。

◆ **改变即时生效**

我会在接下去的几节中说到如何带领你的公司重新设计绩效管理系统。不过在这之前，我要告诉你两个小窍门。

按下停止键

"疯狂就是不断重复相同的行为，却期望着奇迹发生。"这句话经常被人提起。我们已经在疯狂的绩效管理圈待了几十年，希望这本书能帮我们打破这个怪圈。

打破这个怪圈的最快办法就是停下来。在刚进入公司的时候，我马上就感受到了焦虑，因为我有成堆的工作要做，压力非常大。我和团队要写周报，更新工作的最新进展。与实际工作比起来，这些工作简直是在浪费时间。让我更焦虑的是，我甚至不确定是不是真的有人会看我们的周报和工作更新。

谢天谢地，有位培训师给了我一些建议。她说我可以从停止发送周报入手，因为我对这些周报的重要性产生了质疑。她建议我不要告诉任何人我不发周报了，也不要征得上级的允许，就这么简单地停下来。如果真的有人在看这些报告，那就说明它们是有价值的，我也会马上得知这个消息，因为他们一定会来找我。如果真的是这样，我就向他们道歉，然后重新开始写周报。

这种事情并不会经常发生。大多数情况下，没有人会注意到我们没有发周报。如果他们注意到了，并且要求我们发送周报，我就会问问他们是怎么使用这些报告的，什么样的信息对他们来说是最有价值的，这样我们就可以改进写作方式，让周报变得更有价值。这个方法的内涵是，如果有重要的东西不见了，我们会寻找它。因此，如果你不确定某个制度或方法对管理是否有价值，那就停下来。就像我们的周报一样，我们要看看是不是会有人来寻找它。这是一个测试。如果真的有人来找，那你就可以和他们聊聊他们看重的是什么，原因是什么。

有些时候，停下来不仅是一个测试，还是一个正确的选择。我在之前分析过绩效考核效率低下的原因。如果我们看不到一项绩效考核带来的任何积极影响，那么考虑到经理们和员工们为绩效考核所付出的时间、精力和感情，毫无疑问，这项制度对绩效的作用是弊大于利。我们最明智的选择就是不再继续这项制度。如果你的公司现在的情况跟我描

第 5 章
建立一个长期有效的绩效管理系统

述得差不多，取消年终绩效考核制度也许可以大大提高员工绩效。这不仅仅是因为员工们多了很多时间去做些有价值的工作，还因为取消这项制度后，员工的焦虑和恐惧也会随之消失，而员工的幸福感将会得到很大的提升。但是你也可能遇到我曾经的问题——虽然我们有千万种理由采取某项新措施，但是我们就是会故步自封。即使已经意识到不应该再使用这项制度，但是我们就是无法让领导层走出这一步。绩效周期和考核制度已经成了企业日常的一部分，废除它们并不是一件容易的事。比起面临现在的制度失效，人们更害怕改变。

当遇到这样的阻力时，你还有一个实施起来可能会更容易的办法，并且效果也不差——让旧制度成为可选项而非必选项。你可能还记得我在第4章中所说到的，维斯塔印刷公司在改革绩效管理制度的早期就使用了这个办法。他们发现员工们并不喜欢360度评价制度，认为这项制度不能反映员工真实的工作情况，因此他们决定让这项制度成为一个可选项。这项制度仍然存在，但是公司不会再将它视为绩效考核的一部分，也不会要求员工必须完成360度评价。他们将这项决定传达下去，结果每个人都放弃了360度评价制度。这说明了员工们并不想要它，而需要总结员工工作表现的经理们也并不想念它。而且，这项制度的废除丝毫没有影响该公司的绩效考核或是员工工作的质量。这个制度是20世纪的幽魂，不能再为今天的我们服务了。

你的公司制度中有哪些是可以被废止的？如果实施一项制度需要花费大量的时间和精力，这也许意味着这项制度只能在不被重视和重新设计之间选择。另一件你需要重视的事情就是公司上下对公司制度的情绪。如果你听到了很多关于它的不满和抱怨，那么这项制度就毫无价值。你还可以使用关系测试，如果你知道你正在做的这件事情会让你的伴侣或朋友焦虑，你最好马上停下来。如果你觉得这件事情是重要的，那么你最好换个做事方法，将影响降到最小。我们对待员工也应如此。

入侵现有系统

另一个能让你在短期内见到成效的办法是思考该在何处做一些小改动。我把这个举动叫作入侵你的系统。用关系测试检视你公司的各项制度，结合在本书中学到的知识，你会发现除了废除某些制度，在执行方式上做一些小改动也可以为公司带来大变化。入侵还意味着你需要在制度中加几个步骤或是一些人为干预。

观察了几家公司之后，我发现入侵系统的某些方面会让你受益匪浅。在你思考如何在整体上提高系统的科学性时，这些方面的改变也许会让你看到立竿见影的效果。

1. 一对一谈话 如果经理们不愿意花时间和员工谈话，他们就没有在建立与员工的关系。如果你的公司没有正式规定经理们必须定期与下属进行一对一谈话，这是我建议你做的第一件事。在第1章中，我们知道默克药厂就是通过要求经理们与员工定期进行谈话，才大大地提高了员工的工作积极性。

如果你的公司没有一对一谈话的传统或是并不重视这种谈话，我会告诉你一些注意事项和在谈话中可以用到的问题，这样你就可以大大提高谈话效率。

提高一对一谈话效率的注意事项：

- 谈话时间不超过30分钟；
- 谈话频率至少一月一次（比如每个月第一个周三的上午9点）；
- 在谈话中不使用任何科技手段；
- 让员工主导谈话的进行；
- 经理应该在谈话中注意倾听和提问。

你也可以为他们的一对一谈话提供几个小问题以供讨论。一开始，你可以问以下几个问题：

- 上周/月，你觉得自己进步最大的地方在哪里？
- 你完成了什么工作？
- 下周/月你的工作重点是什么？
- 在接下去的工作中，你可能会遇到什么样的困难？
- 我能怎样帮助你？

一对一谈话的主要目的是让经理能够有时间和员工坐下来谈谈。一开始，谈话的内容并不重要。经理愿意空出时间来和员工谈话意味着员工是受到重视的。而谈话质量可以在后期慢慢提高。

2．把要求写下来　如果你不知道该做什么，就从头开始——了解员工是否明确公司对他们的要求。当员工不明白公司要求时，他们的绩效会受到很大影响。因此，就算是经理稍微解释一下，也能让员工更好地工作。如果你的公司没有正式的目标和要求设定机制，你可以立刻动手解决这个问题，这并不需要花费很大的工夫。

让经理和员工一起把下一年或是下一个绩效周期的目标写出来。把要求写下来有两点好处：第一，使目标或要求成为真实存在的东西；第二，这些目标是经过经理和员工讨论产生的，员工对它是明确的。

把目标和要求写下来不会消除所有的不确定性，但是它会让公司逐渐使员工明确各个事项。而确定性会巩固一段关系的发展。

3．让反馈不要那么痛苦　关于反馈为什么变成了一个棘手的问题，我在前文已经做出了解释。然而反馈对员工的职业成长和绩效提高有着重要的作用。你不可能在一夜之间改变员工对反馈的态度，因为大多数人在很早之前就已经建立了对反馈的抵抗和处理机制。所以你可能需要努力多年，才能让员工重视反馈并且希望从他人身上得到反馈。

想要在反馈方面得到一些立竿见影的效果，其中一个办法就是让经理和员工使用前馈的方式，转变员工的思维方式，教他们如何把对过去的批评转化为对未来的建议。

还有一个办法就是对公司上下的员工进行培训，告诉他们该如何接受和处理反馈。无论反馈方式如何，帮助员工在反馈中找到礼物，这可以在不改变现有反馈制度的情况下大大提升员工接受反馈的容易度。

在对公司的制度进行长期改革的过程中，上面是几个你可以先入手的方面。当你发现某项制度对员工与工作的关系有危害时，你就可以马上在这方面着手做一些小改变，追踪它所带来的影响。从最简单、最明显的解决方案入手。如果它起作用了，就将它沿用下去，继续解决下一个问题。如果它不起作用，你就试试别的办法。

要点总结

释放员工潜能的最佳办法，是实行科学合理的绩效管理制度。但是制度的设计需要时间，并不是一蹴而就的。不过我能告诉你几个小技巧，让你看到立竿见影的效果。

一个改善现有绩效管理方式的小技巧就是按下停止键。如果一个方法或制度不受欢迎，或者其价值受到质疑，那么就将它停下来，看看有没有人发现它或是向你投诉。除了停下来，你还可以让一项强制的制度成为可选项，看看它的使用效果如何，对员工绩效的影响如何。

利用关系测试评价和入侵你的系统。当你觉得某项制度对关系有影响时，想想这项制度该做出什么样的改变。

如果你想看到立竿见影的效果，你可以将上述两个小技巧用在影响力最大的3个领域：一对一谈话、记录要求及反馈。

第 5 章
建立一个长期有效的绩效管理系统

让全公司迎接改变，建立你自己的设计团队

如果你是公司老板或者董事会的一员，你选这本书也许是因为你想要提高公司的绩效水平，但是不知道该怎么做。如果你是人力资源部门主管或者公司规划发展部门的一员，你选这本书也许是因为你在目前的绩效管理和员工积极性管理上遇到了困难，而你正在寻找解决办法。无论是哪种情况，你需要的是对整个公司层面进行改变。这对公司的发展会产生巨大的影响。对公司制度做一些小改变固然重要，但是还远远不够。

这本书不仅能激发某几个员工的潜力，还能释放所有员工的潜能。这是我们几十年来一直在绩效管理上寻觅的圣杯。在这本书中，我认为这种寻找就是建立一种绩效管理系统。这个系统由一系列相互影响的制度组成，能够为员工带来积极的工作体验，充分释放员工个人的潜能和整个公司的潜能。

此时，我们已经深刻理解了绩效的含义。接下去我们会讨论如何建立科学的绩效管理系统，而其重点就是要从介绍绩效管理的各种方法转移到设计和改变管理的方法上来。设计就是要特意地去创造一些东西。我会以简单的4步走设计方法为你做指导：首先明确你的意图，然后寻找最适合公司的绩效管理方法，反复验证这些方法，最终确定最符合公司发展需要的一系列管理办法。

接下来的一步更难。即使你为公司设计出了最完美的绩效管理系

统，你还要解决一个棘手的问题——人们都不喜欢改变，即使改变符合他们的利益。因此，我也会说到几个关键步骤，帮助你将这些固执带来的影响降到最小，包括让员工参与到设计和决定中来，让他们更好地接受新的管理系统。

下面的建议都是基于我个人的经验，我会告诉你如何团结全公司的力量来完成这项工作。这些方法并不全面，也并不意味着你想成功只能走这一条路。就像书中所提到的，选择权在你的手上，你可以决定什么方法最适合你，你也可以决定怎样运用这些办法。如果你知道每一步背后的意图，你将会更容易理解这些建议。

◆ 解释改变的重要性 ◆

在我做人事部门主管的时间里，最让我难过的是我们经常要花大量的时间和精力，解释一个大家都已经明白的问题，也要花大量的人力、物力解释为什么我们要解决这个问题，尽管大家早已在是否要解决这个问题上达成一致。无论解决问题的必要性多么明显，我们都需要解释它的正当性，这是大多数公司的制度，特别是在大型公司。如果你是公司老板，对公司有控制权，或者公司允许你不用再做这项工作了，那你可以跳过这一节。如果你没有这种运气，那么请继续往下看。

为了得到公司的认可和帮助，你需要清楚地告知他们：你的目标是什么及其重要所在。这时你的目标不是提出解决方案，而是解释清楚为什么要做出改变。你需要说明哪些制度已经不合时宜，如果不做出改变，代价又是什么。

即使每个人都认同你的观点，认为是时候改革绩效管理系统了，但是想要获得公司的支持来做出实际的改变，仅仅得到大家感情上的认可还是不够的，而此时放弃显然已经不可能了。

下面有几个办法可以检测公司绩效管理是否有效：

•**等级评价结果分布**。如果你的公司还在使用绩效等级评价的手段，你可以用图表的形式把等级评价的结果展现出来，看看这种评价方式能否真实反映员工的实际情况。通常情况下，大多数等级评价只会告诉你员工是符合要求还是表现出色，而真实的工作情况需要反映的内容更多。如果等级评价的结果是每个人都在同一等级，或是表现都差不多，那么这种评价方法无法区分绩效是好，是一般，还是差。

•**员工调查数据**。大多数的员工积极性调查都会通过问问题的方式来评估绩效管理的有效性。问题主要是关于要求明确、公司支持和反馈频率方面的，调查结果能够为制度的改革提供强大支持。

•**文件质量**。审核绩效评估文件的内容和质量可以让你知道现阶段制度是否有效，以及公司的管理者是否具备绩效考核的技巧。在审核过程中，我们发现许多经理连续几年上交的员工绩效考核报告都是复制粘贴的结果。

•**考核的及时性**。如果你必须通过强迫的手段要求经理们完成绩效考核，那么这本身就说明了一个问题。绩效考核制度是为了帮助经理们更好地工作而实行的，如果经理们都想避开它，这说明改变的时候到了。

•**董事参与**。你可以看看是否有董事愿意执行这个制度。如果连他们也没有利用这项制度，或是没有按照原先设计的那样利用它，这就说明是时候聊聊改变这项制度的必要性了。如果董事们也看不到这项制度的任何价值，为什么要让员工执行它呢？

•**资源浪费**。调查一下经理和员工们在现存制度上所花的时间，你可以大致估算出全公司在某项制度上花费的时间。比如通过调查，你发现员工平均需要在绩效考核制度上花2个小时来准备材料，回答经理的问题和就评估结果进行讨论。除此之外,你还发现经理平均要在每个员工身上花4个小时。而这加在一起的6个小时不会给公司带来任何价值。这些时间乘以公司人数,浪费的时间总数就会立刻飙升。如果你的公司在考核中用的是360度评估,这个总数会更吓人。

一旦你发现了这些事实,你就可以将它们整合一下,为公司描绘出现阶段的问题及将来要面对的问题。你可以先写一个简短的总结作为讲话的开头。在初创企业中,这种做法叫作融资演讲。

总结的格式需要严谨,篇幅大约是一张幻灯片,需要包括以下信息:

• **项目名称**。为了以后聊起来方便,你会怎么称呼这个项目(比如绩效管理2.0)?

• **项目描述**。简要说一下你要做的事或是你要解决的问题。同时也要说明你需要他们提供的帮助。比如,"近来许多员工反映我们的绩效管理系统已经失效了,他们不喜欢这样的管理方式,我们会组成一个跨部门的小组来检查现有的绩效管理制度,为更有效地管理员工绩效,设计一系列新的管理办法"。

• **事实证据**。总结所有证据和数据,解释问题的严重性和改变的迫切性。

• **潜在影响**。问题解决后,企业、管理系统和员工会得到什么好处。

将你收集来的消息总结成一份文件,分享给你信任的同事们,从而得到他们的反馈。让同事们挑出漏洞,提出问题,从而不断地对其改进。你的目标就是让领导支持这份文件。

文件的正式程度取决于你的公司。起码你得保证它书写规范,简单易懂。在文件的编写和改进过程中,你已经得到了帮助。至少在这个过程中,你会意识到在公司工作的过程中,你会错失什么样的机会。同时，你花费时间写了这份以事实为依据的文件，告诉公司改变的重要性，并且用专业正式的方式呈现出来，那么你获得支持和关注的可能性就已经大大提高了。无论你的提议是否会得到支持，对那些管理层的人来说，你为公司投入的时间和精力足以证明你的重要性。

你的目标是得到必要的帮助。由于人人都讨厌绩效考核制度，你的这个提议应该比别的提议都要容易接受一些。我在书中给了你很多实例，希望能带给你启发，告诉你在管理上还有更好的方法。希望你能说出自己的故事，为领导们描绘一下在你的提议被采纳之后，公司会是怎样的一副新气象、新局面。

◆ 成立你自己的设计团队 ◆

一旦公司同意了你的提议，愿意支持你，你就需要跨部门组建一支队伍来进行制度设计。人事方面的工作总是会遇到许多阻力，其中的一个原因就是这些工作总是被视为管理员工的工作，而不是让员工工作更顺利，绩效更上一层楼的工具。人们认为人事方面的各种制度都是由于公司施压，而不是为了某种实际需要或是达成某种成就。就像我之前所说的，这些制度获得这样的名声也算是应得的。因为许多人事制度在设计时就是为了让员工遵守合同，而不是为了让经理和员工顺利工作而设计的。

为了让新的绩效管理方式被更多人接受，这个管理方式必须来自公司，并且是真正为公司着想。因此，在设计绩效管理系统时，你需要领导和经理们的参与。

根据我的经验，为了完成这个目标，最有效的办法是成立特别工作小组。特别工作小组的任务包括设计和宣传。小组需要保证新管理系统的设计要以公司实际的工作组织方式为基础。在设计过程中，小组成员应不断地提供意见、建议和反馈。同时，该小组在新制度的实施过程中也会起到很重要的宣传作用。他们需要宣传项目背后的故事，为接下去的工作奠定基础。

一个高效的特别工作小组人数不能太多，也不能太少。小组不仅需要行动灵活，还要能够代表整个公司。我发现小组的人数在10～12人为佳。

选拔特别工作小组的合适人选十分关键。一位成功的特别工作小组成员应该有以下几个品质：

• 拥有优化绩效管理方式的强烈欲望（比如他们对现有的管理方式有强烈的不满情绪）；

• 观点视角不同，人生经历不同，但都能做出自己的贡献；

• 代表了公司几个重要的领域（比如人员来自不同的部门，不同的分公司等）；

• 在公司内受人尊敬，极具影响力（人们以这些人的行为为指导，用他们的言行来规范自己）。

在搭建你自己的特别工作小组时，记住人员构成需要多样化，小组成员是各种观点、各个层级的代表。也就是说小组成员应该有男有女，来自不同的种族，有新入职员工，也有公司元老，有主管，也有普通员工等。小组成员构成越复杂，越能代表公司内不同的团体，最后的成果也就越容易被公司上下的员工接受。

为了招募到理想的成员，你需要明白他们的要求。你需要告诉他们这个项目需要多长时间，每个人需要在它身上花多少时间。因此你需要事先有个项目计划或大纲。下一节中我会帮助你制订这个计划。特别工作小组的成员可能不光想要知道这个项目将会为期多久，也想要知道自己每周或是每个月需要在项目上花多少时间。好的小组成员对你的要求应该是非常高的，因为在你眼里有价值的员工，在别人眼里也同样很有价值。你需要牢记这一点：注意你的招募地点和方式，每次招募时都要明确项目目的。

你最好尽早把你对特别工作小组的要求阐明，这样小组成员就可以从整个公司的角度出发，集思广益，而不是只表达他们自己的观点。小组成员还有一项义务，他们需要时不时地向公司同事传达他们的工作内容，收集反馈，寻求支持。

成立特别工作小组看起来让工作变得更繁重了。确实，越多人参与一项工作，就越难以达成一致，工作进度也就越慢。如果可以从书里找到现成的经验，设计一个新系统就快多了，也许你在下个月就能有个新系统了，而且这个新系统可能也比现有的好一些。但是现在局面一团糟的一部分原因，就是因为一开始你就选择了投机取巧，不收集反馈意见，将新制度硬加在公司头上。想想关系测试，如果你想改变家里的一件事情，你当然会征求其他人的意见，共同做出决定，而不是通过电话下达命令，然后希望改变就此发生。

要点总结

绩效管理系统由一系列相互影响的管理制度组成，这些制度的目的是为了给员工创造积极的工作体验，从而充分释放员工的个人潜能和整个公司的潜能。

由于绩效考核制度普遍不受好评，因此想让公司支持你重新进行制度设计不会太难。在设计之前，你可以用各种事实证据和书中提供的各种案例来让领导们更快地同意你的提议。

想要让新的绩效管理系统被广泛接纳，这个系统必须是从公司中来，到公司中去的。因此，你必须成立"特别工作小组"，挑选合适的组长和成员，和他们共同努力。

　　成立工作小组并不会加快项目进度，或是提高项目效率。工作小组的目的是广泛吸收各种意见，最终设计出一个代表了各种文化背景的、高效的、能够被快速接纳的管理系统。

第 5 章
建立一个长期有效的绩效管理系统

设计步骤及规避"最佳实践"陷阱

从定义上来说,设计就是有意地创造一样东西。将你的设计运用到人身上,首先要明确你的设计想给他人带来什么样的影响。如果你曾经为孩子或另一半准备过生日宴会,你就会明白该怎样进行与人有关的设计。

在计划开始前,你也许就想好了举办这个宴会要给他们带来怎样的感受。对你的孩子来说,你会想要他们觉得这是最棒的生日宴会。对你的另一半来说,你的目标可以是让她感受到满满的爱和幸福。

设计的第一步是搞清楚你在为谁设计,想要他们产生什么样的感受。无论是设计一个生日宴会,还是对待工作都是这样。这听起来有些理所当然,但是忙碌的工作和生活经常会让我们跳过这一步。我们总是想着快点搞定。因此,我们不想脚踏实地、认真设计,而是四处张望,看看别人是怎么做的,希望能找到一条捷径,比如参考邻居是怎样给孩子们办生日会的,业界同行是怎样开展这些工作的。

试想一下,如果你接到一个任务,内容是要对经理们进行培训,提高他们的管理水平。如果你使用了设计法(这个方法我之后会说到),那么你首先会做一些调查采访,了解公司现阶段的管理水平与问题的严重性。通过这一步,你会更加清楚地知道你要解决的问题是什么样的。但是谁有那么多时间?你的公司肯定不是第一个遇到管理问题的公司,在网上随便搜索一下,你就能看到成千上万的管理培训计划和各种案例分析。有些还被打上了"最佳实践"的标记，因为其他公司通过这些实践方案走向了成功。如果这些计划适合他们的公司，那肯定也适合你们公司。那么你就找到了一条捷径。

在过去的几十年里，"最佳实践"一直是美国各大企业的捷径。我们喜欢"最佳实践"，因为它们的风险低。没有人会因为实施了"最佳实践"方案而被开除。而且，比起从头开始设计自己的方案，直接使用"最佳实践"方案要快得多。我们一直无法在绩效管理上进步的一部分原因，也是"最佳实践"的存在。

"最佳实践"有时是很危险的。"解决这个问题的'最佳实践'方案是什么？"我们每天都会在办公室或会议室里问这个问题。这个问题看起来没有任何毛病：为什么不参考一下曾经有过相同问题的同行，借鉴一下他们的解决办法呢？

首先，"最佳实践"这个说法就是错误的。每家公司的构成都是复杂而且独一无二的。即使是业务范围相同的两家公司，由于人员构成和企业文化的不同，公司的内部环境也各不相同。正是由于这种复杂性，我们很难说明为什么某个方案只对某一家公司起作用。一个方案是否有用要看这个方案适用的场合，而人们常常会忽视这一点。有时，时机和方案本身同样重要。

这个世界上没有普遍适用的"最佳实践"方案，只有最适合你的目标和场合的正确方案。人们常常认为"最佳实践"适合每个人，每次使用它都不会出错。年终绩效考核就是个有力的证据。在工会存在的年代，工作就是一纸合同，这个方案应该是非常有效的。但是在之后的几十年间，工作发生了翻天覆地的变化，人们仍然将年终绩效考核制度视为"最佳实践"，将其应用于各个不同的公司之中。现在看来，在过去的半个世纪里，由于工作性质的变化，绩效考核连好都算不上。但是它还是被继承了下来，因为所有人都认为这是个"最佳实践"。有时候，你觉得自己走了条近道，但是这条路最终可能会带你去一个错误的地方。

"最佳实践"的另一个问题是它们实际上都已经过时了。人们需要时间才能验证一个方案是"最佳实践"。某个公司率先制订了一套方案，并且获得了成功。之后这个方案传播到了另一家公司，于是这家公司也应用了这个方案，并且取得了喜人的结果。这个过程不断循环下去，直到方案广为流传，成了"最佳实践"。这个过程需要花很长时间，通常是几年，有时候会达到几十年。面对如今风云变幻的经济形势，依靠几年前或是几十年前的方案来解决新问题是不明智的，失败也是必然的。

我并不是说，所有的"最佳实践"都是不好的。人们给它们打上最佳标签的这一行为才是非常危险的。这些方案只是在某一时期，根据某种场景提出的解决办法。当我们没办法设计新的制度和系统时，我们很容易被最佳方案所迷惑。明确了基本的设计原则之后，我们就能明确其设计意图，知道我们在为谁进行设计。在这个过程中，我们可以通过审视当下具体的场景，来判断某种方案或策略是不是正确的。设计让我们避开了"最佳实践"的陷阱。

设计的方法有很多。最简单的一种是英国设计学会（UK Design Council）提出的4步设计法。这个双钻石设计法由4个步骤组成：发现、定义、开发和交付，如图5-1所示。

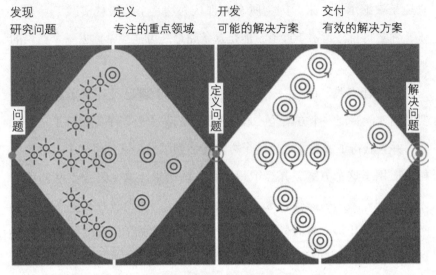

图5-1 英国设计学会2004年提出的双钻石模型

四步设计法

1. **发现** 第一步是要做调查。设计者需要深入调查问题的实质和所处的场景,包括有哪些人会受到影响,他们的需求和动机是什么。在收集了必要的信息之后,设计者可以从一个新的、不同的角度观察这个问题。

2. **定义** 下一步是总结在发现过程中得到的信息。正如这一步的名称一样,设计者需要进一步定义设计的对象和目的是什么。在这一步中,设计者需要反复回答"重点是什么?"和"第一个要解决的问题是什么?"这两个问题。定义就是要明确设计中的问题是什么。

3. **开发** 在这一步中,解决方案和策略的雏形初步显现。在这之后,方案会被反复地评估和验证。在这一步中,你可以从头设计方案,也可以借鉴别人有价值的方案。在这一步中你需要收集反馈,不断进行试验,证明该方案适合你的公司或团队。

4. 交付 在证实了策略和方案的有效性之后，设计就可以正式被投入运营了。现在你需要把你最终设计的产品、方案或是理念推广到整个公司。

4步设计法没有什么特别之处，它只是会提醒我们在设计方案时需要牢记自己的目的，收集必要的信息。这个方法还让你明白在设计新方案的过程中需要不断验证各种方案的有效性，广泛征集各种反馈意见，然后找到最好的那个方案。

在你成立了自己的特别工作小组（也可以叫作设计小组）之后，你就可以开始设计新的绩效管理系统了。4步设计法能够指导你如何组织工作，完成设计项目。

◆ 发现和定义 ◆

任何一个设计项目中最烦琐的工作都是头两步。你需要花费时间和精力去搞清楚现在的局面是怎样的，公司和员工的需求是什么，以及明确自己的设计目的。所有的这些都会在日后指导你设计或是挑选新的绩效管理方案。在第1章中，我提到过Hobspot的文化代码和The Motley Fool的员工手册，告诉你明确上述问题的重要性。

你应该在设计的前两步中明确你想要为员工创造怎样的工作体验。这是之后工作的基础。你还要搞清楚现状和你理想中的状态之间最大的差距是什么，有什么地方是需要注意的。

在第一步的调查过程中，你需要注意公司现阶段是如何看待员工工作体验的。调查所有会对员工的工作体验产生影响的纸质文件。比如大多数公司会有企业文化和政策手册。公司品牌建设、文化建设和领导力素质都会告诉你公司有意（或无意）为员工创造的工作体验是怎样的。同时，你还需要调查现阶段的绩效管理办法和其他的人事管理政策。任何与员工工作体验或是企业目标有关的东西都是需要引起注意的。

这一步还需要你采访一些公司重要的领导，知道公司想要为员工创造怎样的工作体验。

你还可以组织一个小组座谈会，让员工们聊聊现阶段的工作体验。如果你的公司可以进行一个员工调查，那么调查结果对你了解现状是非常有帮助的。

结束了调查这一步之后，接下去的部分有些困难：挑选、压缩收集来的信息，将你的目的清晰、准确地表达出来，让所有人明白。当目标明确了以后，它会产生振奋人心的力量。Hubspot的文化代码读起来非常有趣，也为我们描绘了一幅清晰的画卷，告诉我们他们期待和向往的文化是什么样。找到这样明确又振奋人心的目标需要很大的努力。你可能需要帮手。

根据我的经验，这时寻求帮助能让你省时省力。有时你的帮手就在公司里，他们可能是市场营销部和宣传部的专家，擅长归纳总结，给出清楚明确的信息。有时候你需要在公司外部雇用一个顾问团队。我发现从外面雇用一个擅长帮助公司建设企业文化或是品牌的专家团队能帮你很大的忙。原因之一是他们不属于公司员工，通常会更具洞察力，表达也更清晰。原因之二是他们是这方面的专家，会让你收获更好、更快的成果。

无论你的帮手从何而来，或是你有没有找到帮手，对定义来说，最重要的就是反馈。当你发现了理想中的工作体验或是企业文化，接下去就是收集领导和员工对它的反馈。问问他们感觉如何，哪些地方还不是很完善，哪些地方还有待改进，以及这些回答的原因。记录下所有的反馈。完善你对目标的定义，然后继续寻求反馈。重复这个步骤，直到公司上下认可了你的定义。由于公司的规模大小不同，这个过程所需要的

第5章 建立一个长期有效的绩效管理系统

时间也有差异。但最终你会发现这些努力都是值得的。

当你到了定义员工体验的最后阶段，你应该可以明确地说出你想要创造怎样的工作体验了。你的呈现方式必须符合公司的规定和文化。重要的是，定义必须足够清晰，才能指导之后的项目进程；定义也必须足够详细，这样你才能够从员工将来的反馈中得知设计是否有效。

在第2章中，我提到过美国农业信用服务公司的例子，这个例子告诉你一个清楚的定义应该是怎样的。提醒你一下，它是用许多"我们是"来定义自己的企业文化的。这些宣言代表了它想创造的员工体验和客户体验。每一条宣言都有详细的解释，告诉你具体的行为要求是什么，这样员工和领导都可以更好地用宣言指导自己的行为。我提到的例子是"我们是服务者"。其中的一条行为要求是"不断改进客户体验和同事关系（包括帮助他们消除障碍，解决问题）"。从这条要求中，我们可以很清楚地知道如何指导员工的考核、培训和反馈。

在设计新的绩效管理系统时，你还需要就现阶段的绩效管理方法做一些调查。这时你可以寻求特别工作小组的帮助，让他们帮你收集数据。调查目的是收集员工和经理们对现在的绩效管理系统的反馈，明白他们对改进管理方式的需求和愿望。

这一步是非常重要的。你不能仅靠自己想象员工和经理对绩效管理的感受，应该直接去问他们。如果你的问题准确的话，你应该能够知道他们喜欢管理中的哪些部分，不喜欢哪些部分。然后你就会发现自己原先的假设是不够全面的。除了收集建议和反馈，调查还有别的目的。调查可以让员工和经理们知道他们的建议对新系统的开发有重要意义。在新系统运行时，公司上下也更容易接受它。

通过让特别工作小组收集信息，他们会有更强烈的参与感。当他们亲耳听到了大家的故事和感受，他们会更加投入这个项目。这也让他们更加明白绩效管理的重要性。

根据我的经验，给特别工作小组分配具体任务是非常重要的。你可以让每个小组成员采访公司里的10名员工，这10名员工的岗位和级别都各不相同。他们的目标是收集大量不同观点的反馈。你可以给小组成员列一张问题清单。

采访大纲可以包括以下问题：

• 你对现在的绩效管理/绩效考核制度怎么看？

• 你最喜欢这项制度的哪些方面？

• 你最讨厌这项制度的哪些方面？

• 你最想改变这项制度的哪些方面？

• 这项制度在哪些方面还有所欠缺？

在下一次会议上，特别工作小组的每个成员都需要展示他们的收集结果。展示结束后，你们需要一起做总结，发现对同一问题最普遍的回答是什么。

整合手头的所有信息，明确你想要设计什么样的绩效管理系统，带领你的小组成员从理想的员工工作体验的角度审视现有的制度，结合之前我们所说的绩效管理系统的3个关键因素：计划、培育和问责。你可以让小组成员读读本书的第2、3、4章，这样他们会对之后的讨论有一个基础和总体的框架。

下面的3个问题可以为你们的讨论提供一个总体框架：

• **制度中的优点有哪些？** 从发现现有制度的优点和长处入手。哪些管理办法和策略有助于创造理想中的工作体验？哪些做法可以构建积极健康的关系？比如当你发现现有的绩效评估办法是非常客观的，或者经理每周会和员工一起检查工作进度这样的优点，你可以将其保留作为将来管理制度中的一部分。发现现有制度的优点可以帮助你避免不必要的改动，也可以让你利用现有的资源。

• **制度中的缺点有哪些？** 这包括了所有现有制度中不利于创造积极的工作体验、危害员工与工作之间的关系或是没有达到理想结果的部分。比如，一些经理可能与员工进行过一对一谈话，但是谈话的频率不高，谈话内容也很松散，没有对绩效产生积极的影响。那么你需要在改进清单上列下"停止一对一谈话"，虽然这个制度没有问题，但是在现有的条件下这种谈话并没有什么作用。改进清单上的条目都是需要重新设计的，它将会以一种新的、更加先进的面貌出现。在编写清单的过程中，你需要明白为什么这些条目会出现在这里，以及你为什么觉得它们可以或是应该变得更好。

• **制度中有哪些缺失之处？** 在讨论过程中，你们会发现现有制度中的不足。比如说，你们公司现在只重视外部动机（涨工资、发奖金等）而忽视了内在动机。在了解工作的本质以后，我们知道这会是你在设计新制度时需要解决的主要问题。

我们讨论完了发现和定义两个步骤，也就是设计方法的一半，你应该知道你想要创造怎样的员工体验及为什么要创造这样的员工体验。你也应该知道现有制度的优点、缺点和缺失之处在哪里了。接下来我们就进入了开发阶段，看看你该怎么解决这些问题，才能设计出一个能够创造积极的工作体验、充分释放员工潜能的管理系统。

要点总结

设计从定义上来说就是有意地创造一样东西。进行与人有关的设计，你首先需要明确你的设计想要给别人带来什么样的影响。

"最佳实践"有时是很危险的。事实上"最佳实践"并不存在，只有最适合你公司的"正确方案"。方案的有效性通常取决于具体场合。"最佳实践"的反面是自主设计。

发现是设计的第1步，你需要做一些调查，搞清楚关于员工体验和绩效管理的现有制度和理想状态是什么。

定义是设计的第2步，经过发现这一步骤后，你可以清楚地表达出你想要创造的员工体验。但是你还需要他人的帮助和好几轮的反馈，才能成功地下一个定义。这项工作极具挑战，但是你所付出的努力都是值得的。

开发和测试你的绩效管理系统

大多数人在提起设计时,他们其实说的就是这一步——创造一个新的产品或是为解决问题制订一套新方案。对大多数人来说,这一步非常有意思,因为人们可以有机会发挥自己的创造性。在这一步中,人们会进行头脑风暴,好点子也会应运而生。这一步中所有以"如果我们……"和"我们怎么才能……"开头的问题都会得到肯定。

你在发现和定义两个阶段的努力,会让你清楚地知道你想要创造怎样的员工体验,你可以保留哪些现有的制度。开发是设计中的三岔路口,这时你需要思考和设想许多可能的方案,找到最适合的那一个。本书的第1章可以作为你的指导,或许能够给你带来启发。如果你还记得的话,我把这章叫作"烹饪手册",你可以在其中找到各种菜谱供你参考、尝试和选择。这是我推荐的使用方法。

如果继续用烹饪来打比方,绩效管理系统就是一道菜,你(和你的团队)就是烧菜的厨师。但是如果想要让菜变得好吃,你还需要放一些配菜。在管理中,这些配菜就是计划、培育和问责。在决定哪些配菜将被放进哪道菜里之前,你需要先了解你的食客和你正在烧一道什么菜。这些都是你需要在发现和定义中完成的工作。然后你才可以照着本书或是别的烹饪书烧菜。

如果你不喜欢烹饪,我们可以说得再明白点。你的绩效管理系统必须包括计划、培育和问责这3个步骤,这样它才是积极有效的。这一步的目的是找到最适合你公司的方法或制度。因此,你需要参考许多其他公司的例子，从中获得启发。有时候你可以通过借鉴其他公司的做法，然后根据自己的情况稍作修改就能得到适合的方案。与"最佳实践"不同的是，这种做法不是寻找永远不会失败的"最佳实践"，而是对各个方案进行评估、修改和测试，找到最适合你公司的"正确方案"。

如果你找不到值得参考的方案，你可以自己动手对它重新设计。比如，如今公司中使用的反馈制度并不是基于对关系、人类心理学和大脑科学的理解而建立的。因此，想要在别的公司找到更好的反馈制度做参考会有些难度。在第4章，我曾提到门罗公司反馈午餐的例子，除此之外，其实还有许多其他方法可以被用来积极地处理反馈。你或许已经决定不借鉴他人的做法，而是专注于之前得到的关于人类处理反馈的知识，经过头脑风暴设计出一个新的反馈方案。那么这个新方案应该是经得起考验的，是为你的公司量身定做的。

在系统开发之初，你可以针对每一个绩效管理步骤单独制订解决方案，这样整个开发过程就不会让你感到压力太大。你可以参考书中的内容，让你的小组成员熟悉这3个步骤：计划、培育和问责，让他们在思考后提出针对每个步骤的改进方案。

比如，在开发绩效设计的可能方案时，你可以利用下面的问题来指导你的工作：

- 我们怎么保证每个人都清楚自己工作的要求和小组工作的要求？
- 我们怎么让员工清楚地知道与公司文化有关的行为要求和价值取向？
- 我们如何才能更好地制订工作目标和工作重点？
- 我们用什么方法能保证员工们可以获得必需的帮助和资源？

每一个问题都可以有很多种回答。书中的案例分析也是想告诉你每一个绩效管理步骤都有好几种有效的处理方式。在此我会提供给你多个选择，希望可以帮助你找到最适合你公司文化和员工的那一种选择。

在你的特别工作小组成员努力寻找最适合你公司的那一种方案时，你可以用下面的问题搭建出一个框架，列出解决方案的大纲。这些问题会让他们从宏观层面思考方案会产生的影响，也会让他们考虑方案具体的实施细节。

方案设计问题：

名字/描述：这个方案的名字叫什么？

细节：方案整体的运行方式是什么样的？

理由：为什么这个方案是最合适的？

员工：员工的职责是什么？他们要做什么？

经理：经理的职责是什么？他们要做什么？

其他人：谁还需要参与进来？他们要做什么？

频率：这个方案的实施频率是多少？

技术：这个方案的实施需要什么样的技术？

影响：这个方案会对其他的绩效管理步骤产生什么样的影响？

结果：这个方案成功的评价标准是什么？

将所有的解决方案都罗列出来以后，你可以在讨论中用这些问题来检验方案是否与你的意图相符。这样你就可以挑选出最适合你公司的几个方案：

1. 这个方案通过关系测试了吗？它对巩固和建立关系起到了什么作用？

2. 这个方案是如何创造理想的员工体验的？

3. 为什么我们认为这个方案最适合我们的员工？

在你为某一个绩效步骤制订方案时，当你列出每个方案的具体细节后，你会发现有些方案会同时对好几个步骤产生影响。比如说，经理和员工进行的一对一谈话在设计时就会同时影响3个绩效管理步骤：计划、培育和问责。而有些方案，比如目标制订的影响范围就没那么大了。

◆ 交付 ◆

在特别工作小组设计和比对了各种潜在方案后，就是时候进入设计的第4个阶段——交付了。这个阶段包含了两个部分。

第一个部分要求你验证方案的有效性，收集反馈，分析哪一个潜在方案包含了你系统中所需要的管理方法。这一步需要你不断重复测试各种方案，直到一套方案被证明是最适合你的公司的。

第二个部分就是运行新的系统。如果公司不知道或不使用它的话，新系统是没有价值的。这个工作通常被称为改变管理方式和采用新的管理方法。市面上有很多关于这个话题的书，所以这两部分我就不详细展开了，因为我没办法在几页纸里将其解释清楚。在这里，我会提供一些经我的调查和亲身经历验证过是有效的建议与诀窍。

测试和反馈

设计步骤中的交付一步让我们像企业家一样思考。作为一名企业家，如果你的潜在客户不喜欢或是不购买你的产品，你的成功从何谈起？在将一样新产品推向市场之前，明智的企业家会收集客户反馈，测试各种版本的产品，发现哪一种产品更受客户喜爱，对其不断改进以提高它的成功概率。在为经理和员工开发新的绩效管理产品时，我们也应该采用这种方法。在将一种方案推广开来之前，你最好做一些测试，并向将来会真正使用这个方案的人收集反馈意见。

收集反馈的方法有几种。你当然可以在特别工作小组中进行第一个团体讨论会，但是由于小组成员都参与了方案设计和选择，因此他们很难非常客观地来评价一个新制度的影响。测试一个新制度的有效性有两个普遍的方法：开小组座谈会或是进行方案试行计划。

◆ 小组座谈会 ◆

想要快速得到人们对新的绩效管理制度的反馈，其中一个办法是开小组座谈会。在座谈会上把你的设计解释给员工和经理们听，从中你至少可以知道人们对这个设计的反应。由于这个项目的目标之一是建立一个系统来为员工创造积极的工作体验，以此巩固员工和工作之间的关系，所以他们的反馈是至关重要的。如果有员工或是经理一听到你的新设计就表达了不满，这也许意味着你的设计还是有些漏洞。

The Motley Fool的伯比奇总结了他们是如何进行新制度设计的："我们希望新制度能让员工真心喜欢，而不是强迫他们接受。"也就是说，伯比奇认为新制度的设计应该要让员工和经理有使用它们的欲望。或者说如果你要强迫员工和经理使用你的设计，那么你的设计可能还不是那么完美。使用者的拒绝和犹豫也是一种反馈，你应该把它们视为改进的信号。

在开小组座谈会、收集新制度反馈的时候，好的结果并不是说新设计获得一致好评，或是没有人提出批评。每个人都会基于自己的喜好和经验，对你的新制度提出意见。特别是在这些绩效管理步骤的性质方面，人们提出批评和质疑可能只是因为他们过去的经验，而与你的设计无关。就个人而言，如果你对反馈总是有不好的回忆，就算是面对积极的反馈意见，你可能也觉得难以接受。如果有人坚信反馈一定会带来糟糕的体验，那么当你一提到反馈的时候，他马上就会给出消极的回应。这样的人永远不会对任何一种新的反馈系统竖起大拇指。但是，你还是需要仔细观察他们的反应，因为你需要在今后的一段时间里改变他们的想法。了解他们的恐惧之后，你可以通过交流或培训的手段来减轻他们的担忧。

通过小组座谈会，你可以粗略地知道新的制度是否受员工和经理的欢迎。小组座谈会可以帮助你改进制度本身，了解旧制度的转变过程，以及找到在实施新制度中与他人沟通的有效方式。

验证一项制度或一个系统有效性的最佳办法，就是把它放入真实的工作环境之中，让经理和员工来检验它。这种检验方式通常被称为试行。试行的目的是在制度实行之前测试其概念和设计是否有效。那么在公司为项目投入大量成本之前，你可以通过试行来验证这项制度是否可以产生理想中的效果。

在试行的过程中，设计负责人通常会自愿在自己组内试验新系统或新制度一段时间，来看看它的运行效果和影响。而试行的目的是为了向他人证明这项制度的设计与预想中的一样，可以对绩效和工作体验带来积极影响。制度试行时，你需要收集参与者的感受，以证明新制度能够产生理想的效果。

在试行阶段，技术和培训的问题可能就会出现了。如果你要推广这套方案，你可能还会需要一个技术平台来实现自动化，从而让人们顺利地应用这套方案。你也许还需要为员工们制订正式的培训计划或是提供技术支持，来让他们具备使用这个系统的能力。显然地，这种在大范围内的金钱和时间投资在试行阶段是不现实的。

试行意味着你需要用最简单的方法证明新制度是确实有效的，而不是采用最佳方法。比如，你需要测试工作计划上的一个新制度。在这项新制度下，经理和员工需要共同制订季度目标，而且每过2周他们就要更新自己的工作进度。如果要试行这个新制度，你需要保证经理和员工知道如何制订新目标，更新工作进度。同时，你也需要让他们知道如何

第 5 章
建立一个长期有效的绩效管理系统

在这个季度中合作讨论，共同制订新的工作目标，更新进度。

如果你要在全公司推广新制度，你可能需要准备正式的培训材料或影片，告诉公司所有人如何制订工作目标并评价工作进度。为了让制度更好地运行，你可能还需要购买目标制订或是绩效管理方面的技术。但是，在制度试行的过程中，我们的方法就简单多了。你不用准备正式的培训材料，你只需要让参与试行的员工和经理上几节培训课或是网络课，让他们具备所需的知识。在技术方面，你只需要制作一份简单的电子表格，让参与者知道新制度的框架就可以了。试行阶段的培训方法和技术支持不足以将制度推广到整个公司，但是只要新制度能够运行得起来，你能够测试它的效果就足够了。

关于技术方面，我还有一个小建议。在过去的几年里，各式各样的绩效管理工具已经被开发了出来。并且大多数工具，特别是在小团队中使用的工具都是建立在网络平台之上的，既便宜好用，又容易获取。在试行阶段，你可以试着寻找这样简单好用的工具。虽然这不是必需的，但是用一个合适的工具让试行的制度自动化，可以让员工和经理们的体验更好，也可以让你更清楚地知道，当新制度被推广到全公司以后其运行效果会如何。

> **案例分析　行为洞察团队**
>
> 　　来自伦敦的行为研究团队（The Behavioural Insights Team）的米娅·萨玛哈（Mia Smaha）一直都是用试行的方法，来改善公司内的绩效管理制度。之前，公司里两个不同部门的主管都向她反映，想要改进部门内的反馈制度。于是她为这两个部门制订了一个试行计划。他们共同设计新制度，从 Small Improvements 这家科技公司购买了一个合适的技术平台来支

持新制度的运行，然后他们把新的反馈制度推向了全公司。

在新制度试行的过程中，他们还会经常向参与的员工和经理收集反馈。他们经常收到参与者对新制度的表扬和批评，并带着这些意见和建议使团队不断地改善新制度。

米娅对试行计划大加赞赏，这不仅仅是因为试行能够帮助她测试和改善新制度，更是因为在试行阶段，她积累了许多证明新制度有效的证据。这些证据对她的公司来说是尤为重要的，因为她的员工都是受到高等教育的科学家（天生质疑一切）。用实验的方式证明新制度的有效性，对行为研究团队的企业文化也有重要意义。因为这就是它公司服务的内容。

试行计划如果执行得好，它将会产生非常大的价值。试行的时间和规模可以根据你的试验对象进行调整。一般来说，参与试行的人员应该足够多，且分布应该够广，这样你才能了解新制度在不同的环境中的运行效果。试行时间也需要够长，通常至少需要3个月，这样你才能看到它产生的效果。如果你的特别工作小组认为还有另一套方案，那么也可以将其试行一下。那么你可以在公司内成立两个试行小组，同时测试两个不同的方案。然后你可以根据结果，知道哪一套方案才是正确的。

试行成功的关键之一在于评价。在试行之前，你需要清楚衡量成功的标准是什么，新制度如果成功应该是什么样子的。在把新制度推广到全公司之前，在试行中得到的反馈可以让你尽快解决新制度里的问题。即使你的公司并不是由科学家组成的，向全公司展示这项制度仍是积极有效的，并且受到员工们欢迎对这项制度在全公司的推广是非常有意义的。由于我们要建造的系统是为了巩固和加强公司与员工之间的

> 关系，因此收集员工和经理的反馈是非常重要的。你可以通过员工调查收集反馈，也可以通过小组座谈会甚至是一对一谈话的形式收集反馈。在收集试行反馈时，你不仅仅要知道参与者是喜欢还是不喜欢这项新制度，还要知道他们对这项制度的感受如何。比如这项制度是让他们感到被重视，能让他们更专注于工作，还是他们对这项制度还是感到不解。要评价试行的结果，你必须从你想创造的员工体验角度出发。
>
> 在试行结束后，你需要做一个系统的总结，记录下你们得到的经验。在这个例子中，由于你们测试的是某项制度或某些制度，你需要注意在制度推广时，你要引起重视的地方。

你在总结试行计划时，需要考虑的问题包括以下几个：

- 试行在哪些地方产生了预期的效果？
- 人们最喜欢这项制度中的什么地方？
- 这项制度在哪些地方的运行结果不如预期？
- 新制度或新方案还有哪些遗漏？
- 人们对新制度的困惑有哪些？
- 人们不喜欢这项制度中的什么地方？
- 在实施之前，我们需要告诉员工们哪些信息，才能让新制度的实施更简单、容易？
- 我们需要为员工提供哪些方面的培训？
- 在正式推广之前，新制度还需要做什么改进？

在你归纳反馈意见、总结试行成果时，你需要做出一些决定。我们确实证明新系统可以推广到全公司了吗？新制度还有什么待改进的地方？我们还需要再做一些测试吗？

有时候你需要进行第二次、第三次的试行计划，来验证你的改动是否有效。这个过程需要时间。但是你想想，如果你要在接下去的几十年里使用一个没什么效果、令人痛苦万分的绩效管理方式，那再多花3~6个月修改一下它，又算得了什么呢？

如果你找到了合适的绩效管理系统，在将其推广到全公司之前，你的最后一步是要制作一个新系统全年运行示意图。在示意图的左边，你应该写上你在计划、培育和问责3个领域制定的制度。在示意图的上方，你需要写上月份，然后标出每个制度在全年实行的时间。图5-2就是一个简化版的示意图，可以供你参考。

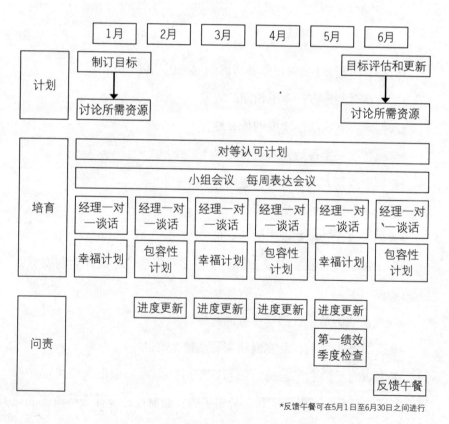

*反馈午餐可在5月1日至6月30日之间进行

图5-2　绩效管理示意图——6个月的参照

将各个步骤标注出来可以确保每一个制度都按正确的顺序进行下去，同时对员工和经理来说也不会出现某些月份工作量特别大的情况。把步骤标注出来，还可以让经理和领导明确他们的工作要求及了解整个系统是如何将所有步骤融合在一起的。另外，示意图还能够帮助你决定使用什么样的技术工具，在新旧制度的过渡期应该采取什么样的方式。

现在你就可以在全公司运行新系统了。

要点总结

设计中的开发是一个分岔路口，这一阶段的目标是设想和考虑各种可能的方案，最终找到最适合的那一个。

第4步，也就是最后一步是交付。它包括了两个部分：首先你要测试各种可能的方案，为你的新系统找出最合适的那组制度；其次测试通过后，新系统就可以在全公司推广了。

测试新系统和收集反馈的方法可以是开小组座谈会，也可以是进行试行试验。

如果你找到了合适的绩效管理系统，在你将它推广到全公司之前，你的最后一步是要制作一个新系统全年运行示意图。

运行新的绩效管理系统

终于,你费尽千辛万苦为公司设计了一个科学合理的绩效管理系统,但接下去还有重要的一步:实施。这时你已经有了一张新系统的全年运行示意图,包括系统中所有制度的细节。现在,你应该思考如何最大程度上让系统运行起来,尽快让公司上下人员接受它,让效果最大化。这意味着你需要制订相应的技术、培训、宣传和推广计划。

◆ 技术 ◆

技术既可能是企业管理和人力资源领域的一大推动力,也可能会对两者都造成很大的障碍。当我还不是个经验丰富的招聘者时,我还记得公司要求我们使用一个几乎不能被称为具有招聘技术的工具。故事发生在很久以前,那个工具在当时还只是一个服务器上简单的数据库程序,支持所谓的"绿屏"终端的运行——其实就是一个只显示绿色和黑色的显示器,连着一个键盘。我还记得公司要求我们每天把应聘者的简历和客户数据输进去,这要花费我们好几个小时的时间,但是又毫无意义。我认为,这项技术并没有帮助我更好地完成工作,反而拖了我的后腿,因为浪费了这些时间输数据,我就没有时间给应聘者和客户打电话了。这是一个极端的例子,但是从我这些年所接触到的公司来看,它们的人事管理系统通常都会让人事的工作变得更加繁重和复杂。

另外,技术在近几年有了长足的发展,我也遇到过能够让管理工作变得更加简单的工具。令我印象最深刻的是一个可以帮助我与下属进行一对一谈话的工具。我花了好几年的时间才设计了一个非常有效的、人们认可的谈话制度和结构。这个制度并不需要技术的支持。但是我发现的这个工具能够帮助我让谈话变得更有效率，让我和员工在谈话开始之前就做一些准备，并分享一些谈话中要讨论和关注的内容。这个工具让我们在谈话之前就做好准备，之后就可以为我们节省大量时间，专注于最重要的问题。这个工具还会记录谈话中的要点，谈话之后也可以添加笔记，提醒我们做下的承诺和决定。这个技术工具为现有的制度锦上添花。

在你思考应该如何将技术工具应用进新系统，以及如何有效利用它时，你需要记住以下几个要点。

技术只是个工具，不是解决方案

技术只是帮助你发现价值、创造价值的工具。当今时代，我们每天都会被各种新兴技术冲刷，这一现象在人力资源的领域尤为明显。许多新科技都标榜自己可以解决你的一切问题，但是只有工具是不行的。就像造一座房子，你需要有蓝图、合适的建筑材料和合格的建筑工人，否则就算你有全世界最好的工具也没有用。

找到适合你方案的技术

这就是我们把技术放在最后一节的原因。如果过早接触到技术支持，你会很容易被它各种各样让人惊叹的功能和设计所迷惑，但是这些技术可能与你的制度不一致，也不会帮助你创造你想要的员工体验。首先设计你的制度，然后找到能够让你的制度自动化，实施效果加倍的技术支持。明确你想要创造怎样的工作体验，想要打造怎样的管理系统，然后再去进行设计，最后才是挑选合适的技术手段，这样你才不会被那些看起来很厉害，但其实并没有什么用的功能迷惑。如果你想对你的制度做一些改动，来使它与某种技术手段配合得更密切，你可以从设计的初衷出发，确保不会改动设计的核心部分。

技术应该是简单易上手的

在过去，员工和经理需要参加培训课程才能学会如何使用一个技术工具，但那样的日子已经一去不复返了。在今天的技术市场，如果员工还需要通过接受培训才能知道怎么使用一个技术工具，那么这项技术的设计还不够完善。在向全公司推广新绩效管理制度的过程中，你会需要对员工和经理进行各方面的培训，但是没有一种培训应该是关于使用技术工具。在挑选工具时，你可以让几位员工直接上手，问问他们的使用感受如何。如果他们说使用起来很困难，或是不知道该怎么用，那就再找找别的工具吧。

技术不应该成为你的绊脚石

现在有许多的技术都可以帮助你实施新制度，你可以利用这些技术，但这不是必需的。你应该问问自己：这项技术是让新制度运行得更好了，还是只是加快了其流程？这项技术是巩固了员工与工作的关系，还是损害了它？在一对一谈话中使用技术工具的例子中，我们确实可以看到技术让制度的实施效果更佳，并且还巩固了我和员工、员工和公司的关系。因为这个工具，我能够与员工们进行更多的、更有意义的对话。但我们也可以回顾一下门罗公司的反馈午餐，对门罗这样一个科技公司来说，它使用的反馈方式与技术毫不相干，但对它来说却非常有效。

在为你的系统挑选技术支持的时候，评价每个技术工具的标准应该是这项技术是否让新制度的实施更高效，更具人性化。如今市场上的科技产品品种繁多，如果你仔细寻找，你很有可能就会找到一个非常适合你的设计和目标的产品。

◆ 培训 ◆

在设计新的绩效管理方式和制度的过程中，你要考虑到员工和经理在利用这个制度时所需要的技能或能力。虽然技术的使用不应该经过培训，但是人和人的互动就没有那么简单与直观了。

比如说第4章中维斯达印刷公司的例子，新的对等反馈系统在该公司顺利运行，很重要的一个原因就是员工和经理接受了关于反馈方式的培训。该公司告诉员工如何站在对方的角度上给予反馈和接受反馈。如果员工和经理没有接受与给予反馈的能力，就算所设计的制度科学，技术先进，结果也不会很喜人。

如果你计划放弃传统的反馈方法，而是采用前馈法，那么公司经理和员工需要在培训之后才能做出这样的转变。如果员工需要参与目标制订，他们需要明白有效的目标是什么样的，以及该如何制订科学的目标。如果你的经理从来都没有想过如何说明自己对团队成员的行为要求，你可能需要给予他们一些帮助。

重要的是你要知道公司需要什么样的培训。如果员工不具备正确利用新制度的技能，新制度的运行只会给他们带来更大的挫折，不会对绩效产生任何益处。在你考虑需要制订哪些培训计划的时候，请参考一下下面的小贴士。

不要高估经理和领导们的能力

无论是什么样的绩效管理系统，它都需要经理和领导具备各种相关技能才能被顺利地运行起来。人们在推广新的人力资源管理系统时，常常会犯一个错：他们会假设经理对管理学有一个基本的了解。如果你还记得我之前所说的，我在之前的公司运行了一个新系统，结果得到了一张"你糟透了"清单。这个故事告诉我们在新系统运行的过程中，我们最大的失败就是盲目假设。我们以为董事们知道如何从更有建设性的角度给出反馈。我们还假设得到董事反馈的主管们能够成功地接受并且处理这些反馈，让它们成为今后发展的助推器。但是我们错了。

许多经理和领导从来都没有接受过人员管理方面的培训。他们在管理的岗位上坐得越久，职位升得越高，他们就越难承认（或发现）自己没有这方面的技能。直到某天灾难出现，他们的不足才会完全被暴露出来，就像我故事中的那样。最好的方法就是不要做任何假设，从零开始，从基础做起。即使是世界一流的专业运动员也需要每天重复基础练习，经理们总是能够从人员培训和人才管理的基础工作中受到启发。从零开始，这样即使是公司董事也可以接受培训，而这些培训可能是他们从来都没有想过的。

用试行来发现人员技术上的不足

在最后一章中，我提到利用试行来测试和验证新制度的有效性。根据新系统的要求，试行还能告诉你员工和经理们最需要具备的技术与能力是什么；在使用新制度的过程中，试行团队遇到的最大问题是什么，他们的不解和困惑是什么。这些问题会让你发现到底是制度设计有缺陷，还是人员技术有漏洞。

让我们再回到门罗公司反馈午餐的案例。在确定这项制度是否有效时，你需要足够的参与者，需要有人给出反馈。这样你才能知道怎样用更具建设性的方式交流和分享有用的信息。反馈接收者需要在一个小时之内连续接收和处理各种反馈，不能有任何分心和抵抗情绪。要实现这个目标，员工们必须相互信任、相互理解。

在反馈午餐的试行阶段，可能会出现许多东西不按计划进行的现象。如果该制度在最初运行的时候就有问题（一开始就顺利的情况确实不多），接下去你就需要和参与者聊聊他们的感受。如果是信任出现了问题，那么这就是一个相当棘手的公司文化问题了，但是你必须解决这个问题，才能继续前进。也可能是参与者不会分辨反馈的好坏，或是不知道怎么接收和处理反馈才能让情绪保持稳定。所有的这些问题都说明你需要制订培训计划，才能保证新系统的顺利运行。

培训应该是及时的

在全公司运行新的系统之前，你通常需要为公司上下的人员提供培训。这才是正确的做法。那我们为什么不直接告诉员工和经理们新系统正确的使用方法呢？

然而事实是，是否能够获得一项新技能，要看我们是否有能力习得它。一直以来"做中学"都被认为是成年人学习的主要方式。这种方式意味着你可以告诉我怎么做这件事，你也可以做给我看，但是如果我没有亲自做这件事，那么我就不算真正地掌握了这项技术。管理方面的书籍都会告诉你如何解决与员工接触时遇到的难题。但是纸上谈兵与实践是十分不同的。你只有真实地处理过几次这方面的问题，你才算真正地开始掌握这方面的技能。

制订与新系统相关的培训计划，其困难之处就在于对某些制度或方法的培训需要持续一整年，有时候你并不知道也无法预料员工在什么时候需要这方面的培训。你可以提前对经理们进行培训，告诉他们如何制订工作目标，以及与员工一对一谈话的技巧。他们在实际工作中也会有很多机会来巩固这一学到的技巧。但是像学习提出批评或解决绩效问题方面的技巧，他们所得到的机会就没有那么多了。因此，他们可能很快就把培训内容抛在脑后了。

所以我更倾向于及时培训——只有在需要学习的时候，才进行培训。当然，在我想向员工提供一些重要的反馈时，我也希望可以提前得到培训，知道如何有效地提出反馈。虽然提前对经理进行培训并没有错，他们可以通过提前培训学到新系统要求的技能。但你还需要为他们提供及时培训，让他们在问题出现时能够想起之前学到的内容。你可以建一座网上图书馆，让员工们随时参考行动指南。你还可以把培训的过程分为几段用影像记录下来，供员工在日后进行参考。我们在思考如何在工作上获得资源时，可以想想自己在生活中是如何学习和解决问题的。

我的儿子今年20岁，前阵子他和朋友一起换了一辆柴油机上的歧管（他们两个都不是机械师），就是看了YouTube视频网站上机械师们上传的免费视频。因此，你需要让经理和员工在需要的时候能够更容易地获得帮助与培训。

◆ **宣传和推广** ◆

现在你可以把你的新制度推广到全公司了。你为这个新设计投入了大量的人力、物力，希望它能产生更加积极的效果，为员工和经理带来更好的工作体验。你需要精心设计一份宣传计划，让新系统的效果达到最大。

无论大家有多么不喜欢旧制度，你的新设计对员工和经理们来说仍是一种未知的改变。一份精心设计的宣传计划能够大致介绍你的新系统，让它在推广运行时不会遭受那么大的阻力。

下面是宣传时能够帮助你的小贴士。

宣传，不要叙述。在宣传时，重点强调为什么这个新制度比之前的好，优越性体现在何处。即使人人都讨厌你们传统的绩效管理制度，你也不能认为人们会很快接受你的新制度。你可以设想一下，如果这个新制度对员工和经理们来说是一个可选项，而非必选项，你会怎们向他们宣传？你该怎么说服他们新系统能够带给他们更棒的工作体验，走向事业的成功？你应该向他们宣传新系统的优越性，不要向他们叙述新系统是如何运行的。

告诉他们新设计背后的用意。你需要让你的员工知道新系统为何存在。如果你在之前定义并明确了公司想要创造的员工体验，那么你该把它告诉员工们。你可以借这个机会强调你对员工们的承诺。在宣传过程中，说明新系统需要用到的反馈制度。告诉员工们这个新系统是根据公司的现状设计的，目的是为了给员工们带来更好的工作体验。告诉他们新系统中的各种制度。这会让员工们更好更快地接受它。

细分你的宣传领域。一种宣传办法无法适应所有情况。想想公司内形形色色的员工（有兼职的、全职的、管理人员、普通员工等），站在他们的立场上问问自己，"这个新制度会给我带来怎样的影响？"你需要保证你的宣传可以解答每个员工的这个问题。在对员工做划分的时候，想想对每个员工来说最佳的宣传方式是什么。他们是你的宣传对象，需要明白你的想法。有时候你的宣传会大大改变他们的工作体验。想象一下，你在公司工作了十几年都没有跟你的主管进行过交流，突然之间主管要和你每周就工作内容进行核对，那么仅仅通过邮件是不够的，会议、视频、海报、信件和邮件都应该被列为宣传手段。最好你可以结合各种不同的宣传手段，满足不同人的喜好。

重复宣传。市场营销中的7原则告诉我们，我们需要听到同一条信息重复7次以上，才能记住它。广告商们都清楚这条原则。所以我们会一遍一遍地看到一样的广告和口号。我们接触一条信息的频率越高，我们就越可能记住它。我们的目标是在新制度实施之前就让所有人知道新制度是怎样的（以及为什么要实行它）。我从来没有遇到过一家公司会一直重复宣传某项制度，事实上公司内部的宣传次数远远不达标。也许你觉得自己宣传到位了，但事实上很有可能你连一半的路都还没走完。

为新制度的实施制订宣传计划。然后坚定不移地执行计划，即使你觉得已经宣传够了。你需要花大量的时间、人力、物力才能保证宣传到位。千万不要因为宣传不到位而影响了前期的努力。

• 追踪系统成果，分享成功故事 •

在结束最后一章之前，我再向你提供最后一条建议。一旦你的新制度被公司采纳了，你需要保证你可以追踪到新制度产生的影响。这个追踪过程应该是持续的，因为它不仅可以帮助你确认新系统的有效性，也可以让你在问题出现的第一时间发现它。

追踪新绩效管理系统的方法有很多。评价方法应该从之前明确的设计意图出发。问问自己有没有为员工创造理想中的工作体验？人们是不是在用这套系统？新系统运行后公司的绩效表现如何？

一个设计优良的系统应该在短期内就能让你看到效果。至少员工和经理们应该比之前开心不少，那些令人痛苦的管理制度已经是过去式了。

发现和分享成功故事是支持新系统的最有力方式。特别是在运行之初，你肯定会听到一些小故事，就像第3章湾州医院的故事——一位医生利用网上平台给场地管理员写了封信，表达了医生对场地管理员多年来的欣赏。而这份欣赏在新系统被引进前从未被表达出来。分享这些故事不仅可以让员工相信新系统能够实现最初的目标，而且还能让其他人想要加入进来。

要点总结

成功地运行新绩效管理系统需要技术支持、人员培训和内部宣传。

在挑选技术工具时，你应该看这些工具能否让你的新制度更有效、更人性化。记住，你可以使用技术工具，但这不是必需的。工具的使用必须符合设计的目的，要为系统增加价值。

在审视新系统时，包括系统内的各项制度和方法，你需要考虑员工和经理们需要具备怎样的技能才能有效使用这个系统。在制订培训计划时，不要假设公司人员具备某项技能，你可以利用试行计划发现他们的不足，然后提供及时培训。

宣传对新制度的实施至关重要。如果你已经花了大量的时间、人力、物力来开发这个新系统，千万不要因为宣传没做到位而毁了你之前的努力。

追踪评估新系统的成果，分享一些成功故事。这会让员工相信新系统能够实现最初的目标，从而让其他人加入进来。